dtv

W9-AFA-964

Heinrich Böll stattete mit diesen Aufzeichnungen den Dank ab an eine Landschaft und ihre Menschen, denen er sich seit seinem ersten Besuch auf der Insel im Jahr 1954 wahlverwandtschaftlich verbunden fühlte. Die ›Stuttgarter Zeitung‹ schrieb über das ›Irische Tagebuch‹: »Das Geheimnis dieses Buches, des liebenswertesten Buches von Heinrich Böll, ist, daß kaum ein Wort über die verzwickte Ökonomie und die noch verzwicktere Geschichte dieses kleinen Staates gesagt wird und daß dennoch das ganze Irland in diesem Tagebuch eingefangen zu sein scheint.« Für Marcel Reich-Ranicki ist es »ein verstecktes Deutschlandbuch, denn mit seinen Reisenotizen strebt Böll eine mittelbare Kritik der einheimischen Verhältnisse an: Irland wird immer wieder als Gegensatz zur Bundesrepublik betrachtet«.

Heinrich Böll, am 21. Dezember 1917 in Köln geboren, war nach dem Abitur Lehrling im Buchhandel. Danach Studium der Germanistik. Im Krieg sechs Jahre Soldat. Seit 1947 veröffentlichte er Erzählungen, Romane, Hör- und Fernsehspiele, Theaterstücke und war auch als Übersetzer aus dem Englischen tätig. 1972 erhielt Böll den Nobelpreis für Literatur. Er starb am 16. Juli 1985 in Langenbroich/Eifel.

Heinrich Böll

Irisches Tagebuch

Mit einem Essay von Heinrich Böll:
Dreizehn Jahre später

Deutscher Taschenbuch Verlag

Ungekürzte Ausgabe
September 1961
47., neu durchgesehene Auflage Februar 1997
52. Auflage Dezember 2002
Deutscher Taschenbuch Verlag GmbH & Co. KG, München
www.dtv.de
© 1957, 1996 Verlag Kiepenheuer & Witsch, Köln
Umschlagkonzept: Balk & Brumshagen
Umschlagfoto: © LOOK
Satz: Design-Typo-Print, Ismaning
Gesetzt aus der Stempel Garamond 10,5/12·
Druck und Bindung: Druckerei C. H. Beck, Nördlingen
Gedruckt auf säurefreiem, chlorfrei gebleichtem Papier
Printed in Germany · ISBN 3-423-00001-5

Es gibt dieses Irland: wer aber hinfährt und
es nicht findet, hat keine Ersatzansprüche
an den Autor.

Ich widme dieses kleine Buch dem, der
mich anregte, es zu schreiben: Karl Korn.
H.B.

Inhalt

Ankunft I

Als ich an Bord des Dampfers ging, sah ich, hörte und roch ich, daß ich eine Grenze überschritten hatte; eine von Englands lieblichen Seiten hatte ich gesehen: Kent, fast bukolisch – das topographische Wunder London nur gestreift – dann eine von Englands düsteren Seiten gesehen: Liverpool – aber hier auf dem Dampfer war England zu Ende: hier roch es schon nach Torf, klang kehliges Keltisch aus Zwischendeck und Bar, hier schon nahm Europas soziale Ordnung andere Formen an: Armut war nicht nur »keine Schande« mehr, sondern weder Ehre noch Schande: sie war – als Moment gesellschaftlichen Selbstbewußtseins – so belanglos wie Reichtum; die Bügelfalten hatten ihre schneidende Schärfe verloren, und die Sicherheitsnadel, die alte keltisch-germanische Fibel, trat wieder in ihr Recht; wo der Knopf wie ein Punkt gewirkt hatte, den der Schneider gesetzt hatte, war sie wie ein Komma eingehängt worden; als Zeichen der Improvisation förderte sie den Faltenwurf, wo der Knopf diesen verhindert hatte. Auch als Aufhänger für Preisschildchen, als Hosenträgerverlängerung, als Manschettenknopf-Ersatz sah ich sie, schließlich als Waffe, mit der ein kleiner Junge durch den Hosenboden eines Mannes stach: erstaunt war der Junge, erschrocken dann, weil der Mann keinerlei Reaktion zeigte; dann klopfte der Junge vorsichtig mit dem Zeigefinger den Mann ab, um festzustellen, ob er noch lebte: er lebte noch, schlug dem Jungen lachend auf die Schulter.

Immer länger wurde die Schlange vor dem Schalter, wo es den Nektar Westeuropas in großzügigen Portionen um billiges Geld gab: Tee; als wären die Iren bemüht, unbedingt auch diesen Weltrekord, den sie knapp vor England halten, nicht preiszugeben: fast zehn Pfund Tee werden jährlich pro Kopf in Irland verbraucht: ein kleines Schwimmbassin voll Tee also muß in jedem Jahr durch jede irische Kehle laufen.

Während ich langsam in der Schlange vorrückte, blieb Zeit genug, mir die anderen irischen Weltrekorde ins Gedächtnis zu rufen: nicht nur den im Teetrinken hält dieses kleine Land: als zweiten den im Priesternachwuchs (die Erzdiözese Köln etwa müßte fast tausend Neupriester jährlich weihen, um mit einer kleinen Erzdiözese in Irland konkurrieren zu können); als dritten Weltrekord hält Irland den im Kinobesuch (wiederum – wieviel Gemeinsamkeit bei allen Gegensätzen! – knapp vor England), als vierten schließlich einen bedeutsamen, von dem ich nicht zu sagen wage, daß er mit den ersten dreien in ursächlichem Zusammenhang stehe: In Irland gibt es die wenigsten Selbstmörder auf dieser Erde. Noch sind die Rekorde im Whiskeytrinken und im Zigarettenrauchen nicht ermittelt, doch auch in diesen Disziplinen liegt Irland weit vorne, dieses kleine Land, das soviel Bodenfläche wie Bayern, aber weniger Einwohner hat, als zwischen Essen und Dortmund wohnen.

Eine Tasse Tee so um Mitternacht, wenn man fröstelnd im Westwind steht, während der Dampfer sich langsam in die offene See schiebt – dann einen Whiskey oben in der Bar, wo das kehlige Keltisch immer noch, aber nur aus einer einzigen irischen Kehle klang; Nonnen duckten sich im Vorraum der Bar wie großes Geflügel für die Nacht zurecht, warm unter ihren Hauben, ihren langen Habits, zogen ihre langen Rosenkränze ein, wie Taue eingezogen werden, wenn ein Boot abfährt; einem jungen Mann, der mit einem Säugling auf dem Arm an der Bartheke stand, wurde eben das fünfte Glas Bier verweigert, auch seiner Frau, die mit einem zweijährigen Mädchen neben ihm stand, nahm der Kellner das Glas ab, ohne es neu zu füllen, langsam leerte sich die Bar, schon war das kehlige Keltisch verstummt, die Köpfe der Nonnen nickten leise im Schlaf; eine hatte vergessen, ihren Rosenkranz einzuziehen, die dicken Perlen rollten mit der Bewegung des Schiffes hin und her; die beiden mit ihren Kindern auf dem Arm, denen der Trunk verweigert worden war, wankten vor mir, steuerten auf eine Ecke zu, wo sie aus Koffern und Kartons sich eine kleine Burg erbaut hatten: dort schliefen zwei weitere Kinder, zu beiden Seiten an die Großmutter gelehnt, deren schwarzes Umhängetuch Wärme für drei zu bieten schien; der Säugling und das zweijährige Schwesterchen wurden in einen Waschkorb verstaut, zugedeckt, die Eltern verkrochen sich stumm zwischen zwei Koffern, eng aneinandergeschmiegt, und die weiße schmale Hand des Mannes zog einen Regenmantel wie ein Zeltdach über dem Paar zurecht. Stille, nur die Kofferschlösser klirrten leise im Rhythmus des fahrenden Schiffes.

Ich hatte vergessen, mir einen Platz für die Nacht zu sichern, stieg über Beine, Kisten, Koffer; Zigaretten glühten im Dunkeln, ich schnappte aus geflüsterten Gesprächen Brocken auf: »Connemara ... keine Chance ... Kellnerin in London.« Ich duckte mich zwischen Rettungsboote und Schwimmgürtel, aber der Westwind war scharf und feucht, ich stand auf, wanderte über das Schiff, das mehr einem Auswandererschiff als einem Heimkehrerschiff glich; Beine, glühende Zigaretten, Brocken aus geflüsterten Gesprächen – bis ein Priester mich am Mantelsaum festhielt und lächelnd einlud, mich neben ihn zu setzen; ich lehnte mich zurück, um zu schlafen, aber rechts von dem Priester, unter einer grün-grau gestreiften Reisedecke hervor, sprach eine zarte klare Stimme: »Nein, Father, nein, nein ... es ist zu bitter, an Irland zu denken. Einmal im Jahr muß ich ja hinfahren, um meine Eltern zu besuchen, und meine Großmutter lebt auch noch. Kennen Sie die Grafschaft Galway?«

»Nein«, sagte der Priester leise.

»Connemara?«

»Nein.«

»Sie sollten es sich ansehen, und vergessen Sie nicht, auf der Rückfahrt im Hafen von Dublin achtzugeben, was aus Irland exportiert wird: Kinder und Priester, Nonnen und Biskuits, Whiskey und Pferde, Bier und Hunde ...«

»Mein Kind«, sagte der Priester leise, »Sie sollten diese Dinge nicht in einem Atem nennen.«

Ein Streichholz flammte unter der grün-grauen Reisedecke auf, ein scharfes Profil wurde für wenige Sekunden sichtbar.

»Ich glaube nicht an Gott«, sagte die zarte klare Stimme, »nein, ich glaube nicht an Gott – warum sollte ich da nicht Priester und Whiskey, Nonnen und Biskuits in einem Atem nennen; ich glaube auch nicht an *Kathleen ni Houlihan*, an dieses Märchenirland ... Ich war Kellnerin in London, zwei Jahre lang: ich hab' gesehen, wieviel leichte Mädchen ...«

»Mein Kind«, sagte der Priester leise.

»... wieviel leichte Mädchen *Kathleen ni Houlihan* nach London geliefert hat; die Insel der Heiligen.«

»Mein Kind!«

»So nannte mich auch der Pfarrer zu Hause: mein Kind ... Er kam mit dem Fahrrad, einen weiten Weg, um uns sonntags die Messe zu lesen, aber auch er konnte nichts dagegen tun, daß *Kathleen ni Houlihan* ihr Kostbarstes exportierte: ihre Kinder. Gehen Sie nach Connemara, Father – soviel schöne Landschaft auf einmal, mit so wenig Menschen drin, haben Sie sicher noch nie gesehen; vielleicht lesen Sie einmal eine Messe bei uns, dann sehen Sie mich sonntags fromm in der Kirche knien.«

»Aber Sie glauben doch nicht an Gott.«

»Aber denken Sie, ich könnte es mir leisten – und ich würde es meinen Eltern antun –, nicht in die Kirche zu gehen? ›Fromm‹ ist unser gutes Mädchen geblieben – fromm; ein gutes Kind.‹ Und meine Großmutter küßt mich, wenn ich wieder zurückfahre, segnet mich und sagt: ›Bleibe so fromm, wie du bist, mein gutes Kind!‹ ... Wissen Sie, wieviel Enkel meine Großmutter hat?«

»Mein Kind, mein Kind«, sagte der Priester leise.

Scharf glühte die Zigarette auf, ließ wieder für eine Sekunde das strenge Profil sehen.

»Sechsunddreißig Enkel hat meine Großmutter: sechsunddreißig; achtunddreißig hatte sie: einer ist abgeschossen worden in der Schlacht um England, ein zweiter mit einem englischen U-Boot versenkt worden – sechsunddreißig leben noch: zwanzig in Irland, die anderen ...«

»Es gibt Länder«, sagte der Priester leise, »die Hygiene und Selbstmordgedanken exportieren, Atomkanonen, Maschinengewehre, Autos ...«

»Oh, ich weiß«, sagte die zarte klare Mädchenstimme, »ich weiß das alles: ich habe selbst einen Bruder, der Priester ist, und zwei Vettern: sie sind die einzigen in der ganzen Verwandtschaft, die ein Auto haben.«

»Mein Kind ...«

»Ich versuch' jetzt, ein wenig zu schlafen – gute Nacht, Father, gute Nacht.«

Die glühende Zigarette flog über die Reling, die grün-graue Decke wurde fest um die schmalen Schultern gezogen, der Kopf des Priesters bewegte sich wie im ständigen Kopfschütteln hin und her; vielleicht war es auch nur der Rhythmus des fahrenden Schiffs, der den Kopf bewegte.

»Mein Kind«, sagte er leise noch einmal, aber er bekam keine Antwort mehr.

Er lehnte sich seufzend zurück, klappte den Mantelkragen hoch; vier Sicherheitsnadeln hatte er als Reserve innen auf dem Revers stecken: vier, die an einer fünften, quergesteckten, hin und her schaukelten unter den leisen Stößen des Dampfers, der in die graue Dunkelheit hinein auf die Insel der Heiligen zufuhr.

2

Ankunft II

Eine Tasse Tee, so bei Sonnenaufgang, wenn man fröstelnd im Westwind steht, während die Insel der Heiligen sich noch im Morgendunst vor der Sonne verbarg; auf dieser Insel also wohnt das einzige Volk Europas, das nie Eroberungszüge unternahm, wohl selbst einige Male erobert wurde, von Dänen, Normannen, Engländern – nur Priester schickte es, Mönche, Missionare, die – auf dem seltsamen Umweg über Irland – den Geist thebaischer Askese nach Europa brachten; vor mehr als tausend Jahren lag hier, so weit außerhalb der Mitte, als ein Exzentrikum, tief in den Atlantik hineingerutscht, Europas glühendes Herz ...

So viele grün-graue Reisedecken waren eng um schmale Schultern gezogen, so viele strenge Profile sah ich und an so manchem hochgeschlagenen Priesterkragen als Reserve die quergesteckte Sicherheitsnadel, an der zwei, drei, vier weitere Nadeln leise baumelten ... schmale Gesichter, übernächtigte Augen, im Waschkorb der Säugling, der seine Flasche trank, während der Vater am Teeschalter vergebens um Bier kämpfte. Langsam stach die Morgensonne weiße Häuser aus dem Dunst heraus, ein Leuchtfeuer bellte rotweiß dem Schiff entgegen, langsam schnaufte der Dampfer in den Hafen von Dun Laoghaire. Möwen begrüßten ihn, die graue Silhouette von Dublin wurde sichtbar, verschwand wieder: Kirchen, Denkmäler, Docks, ein Gasometer: zögernde Rauchfahnen aus einigen Kaminen: Frühstückszeit, für wenige nur: noch schlief Irland, Gepäckträger rieben sich unten am Kai den Schlaf aus den Augen, Taxichauffeure fröstelten im Morgenwind. Irische Tränen begrüßten die Heimat und die Heimkehrenden. Namen flogen wie Bälle hin und her.

Müde taumelte ich vom Schiff in den Zug, aus dem Zug nach wenigen Minuten in den großen dunklen Bahnhof Westland Row, von dort auf die Straße: vom Fensterbrett eines schwarzen Hauses nahm gerade eine junge Frau einen orangefarbenen Milchtopf ins Zimmer; sie lächelte mir zu, und ich lächelte zurück.

Wäre ich von so ungebrochener Naivität gewesen wie der deutsche Handwerksbursche, der in Amsterdam Leben und Tod, Armut und Reichtum des Herrn Kannitverstan erforschte – so wäre ich in Dublin fähig gewesen, Leben und Tod, Armut, Ruhm und Reichtum des Herrn Sorry zu erforschen, denn wen ich auch fragte, nach was ich auch fragte, ich bekam die einsilbige Antwort: *Sorry*. Nun wußte ich zwar nicht, aber ahnte, daß die Stunden zwischen sieben und zehn Uhr morgens die einzigen sind, in denen die Iren zur Einsilbigkeit neigen, und so entschloß ich mich, meine geringen Sprachkenntnisse nicht anzuwenden, und fand mich betrübt damit ab, nicht so ungebrochen naiv zu sein wie der beneidenswerte Tuttlinger Handwerksbursche in Amsterdam. Wie schön wäre es gewesen, zu fragen: Wem gehören die großen Schiffe da im Hafen? – *Sorry*. Wer steht so hoch da droben, einsam im Morgennebel auf einer Denkmalssäule? – *Sorry*. Zu wem gehören diese zerlumpten, barfüßigen Kinder? – *Sorry*. Wer ist dieser geheimnisvolle junge Mann, der von der hinteren Plattform des Omnibusses aus so täuschend ähnlich ein Maschinengewehr nachahmt – tak tak tak tak – im Morgendunst? – *Sorry*. Und wer reitet so früh da mit Stöckchen und grauem Zylinder durch Morgen und Wind? – *Sorry*.

Ich beschloß, mehr meinem Auge als meiner Zunge und dem Ohr der anderen zu vertrauen und mich am Studium der Ladenschilder schadlos zu halten, und da kamen sie als Buchhalter, Wirte, Gemüsehändler auf mich zu: die Joyce und Yeats, McCarthy und Molloy, O'Neill und O'Connor, sogar Jackie Coogans Spuren schienen hierhinzuführen, und ich mußte mich entschließen, mir selbst einzugestehen, daß der Mann so hoch da droben auf der Denkmalssäule, immer noch einsam wirkend in der Morgenkühle, natürlich nicht *Sorry* hieß, sondern Nelson.

Ich kaufte mir eine Zeitung, eine Zeitschrift, die ›Irischer Digest‹ hieß, und ließ mich von einem Ladenschild, das *Bed and Breakfast reasonable* versprach, verführen, »vernünftiges Bett und vernünftiges Frühstück« übersetzte ich mir dieses Versprechen, und entschloß mich zunächst zu einem vernünftigen Frühstück.

Gleicht der kontinentale Tee einem vergilbten Postscheckbrief, so gleicht er auf diesen Inseln westlich von Ostende den dunklen Tönen auf russischen Ikonen, durch die es golden durchschimmert, bevor die Milch ihm eine Farbe ähnlich der Hautfarbe eines überfütterten Säuglings verleiht; auf dem Kontinent serviert man den Tee dünn, aber aus kostbarem Porzellan, hier gießt man aus ramponierten Blechkannen gleichgültig ein Engelsgetränk zu des Fremden Labsal, und spottbillig dazu, in dicke Steinguttassen.

Das Frühstück war gut, der Tee des Ruhmes würdig, und kostenlos hinzu gab es das Lächeln der jungen Irin, die ihn servierte.

Ich blätterte in der Zeitung und fand als erstes einen Leserbrief, der forderte, daß Nelson so hoch da droben gestürzt und durch eine Muttergottesstatue ersetzt werden müsse. Noch ein Brief, der Nelsons Sturz forderte, noch einer …

Acht Uhr war es geworden, Gesprächigkeit flammte auf, bezog auch mich ein: ich wurde mit Worten überschüttet, von denen ich nur ein einziges verstand: *Germany*. Ich beschloß, freundlich, aber bestimmt, mit der Waffe des Landes, mit dem *Sorry*, zurückzuschlagen, das kostenlose Lächeln der schlampigen Teegöttin zu genießen, bis ein plötzliches Brausen, ein Donnern fast, mich aufschreckte. Konnte der Zugverkehr auf dieser merkwürdigen Insel so lebhaft sein? Das Donnern hielt an, artikulierte sich, der vehemente Einsatz zum *Tantum ergo* wurde von *Sacramentum – veneremur cernui* an klar und sauber hörbar, bis zur letzten Silbe ausgesungen klang es über die Westland Row aus der St.-Andreas-Kirche gegenüber, und so, wie die ersten Tassen Tee so gut waren wie die vielen, die ich noch trinken würde – in verlassenen, schmutzigen kleinen Nestern, in Hotels und an Kaminfeuern –, so blieb auch der Eindruck einer überwältigenden Frömmigkeit, wie sie kurz nach dem *Tantum ergo* die Westland Row überschwemmte: so viele Menschen würde man bei uns nur nach der Ostermesse oder nach dem Weihnachtsgottesdienst aus der Kirche kommen sehen: aber die Beichte der Ungläubigen mit dem scharfen Profil hatte ich noch nicht vergessen.

Acht Uhr morgens war es erst, Sonntag, zu früh noch, den Gastgeber aus dem Schlaf zu wecken: doch der Tee war kalt geworden, im Café roch es nach Hammelfett, die Gäste rafften Kartons und Koffer zusammen, strebten ihren Omnibussen zu. Lustlos blätterte ich im ›Irischen Digest‹, übersetzte mir stockend einige Anfänge von Artikeln und Kurzgeschichten, bis eine Einzeilenweisheit auf Seite 23 mich aufmerksam machte: ich verstand den Aphorismus lange, bevor ich ihn mir hatte übersetzen können: unübersetzt, nicht in Deutsch gefaßt und doch verstanden, wirkte er fast noch besser als ins Deutsche übertragen: *Die Friedhöfe*, stand da, *liegen voller Menschen, ohne die die Welt nicht leben konnte.*

Diese Weisheit schon schien mir eine Reise nach Dublin wert zu sein, und ich beschloß, sie tief in meinem Herzen zu verschließen, für die Augenblicke, in denen ich mir wichtig vorkommen würde (später erschien sie mir wie ein Schlüssel zu dieser merkwürdigen Mischung aus Leidenschaft und Gleichmut, zu jener wilden Müdigkeit, mit Fanatismus gekoppelten Wurschtigkeit, der ich so oft begegnen sollte).

Kühle, große Villen lagen hinter Rhododendron, hinter Palmen und Oleandergebüsch versteckt, als ich mich entschlossen hatte, trotz so barbarisch früher Zeit den Gastgeber zu wecken: Berge wurden im Hintergrund sichtbar, lange Baumreihen.

Acht Stunden später schon wurde mir von einem deutschen Landsmann kategorisch erklärt: »Hier ist alles schmutzig, alles teuer, und Sie werden nirgendwo eine richtige Karbonade bekommen«, und schon verteidigte ich Irland, obwohl ich erst zehn Stunden im Lande war, zehn Stunden, von denen ich fünf geschlafen, eine gebadet hatte, eine in der Kirche gewesen war, eine mich mit dem Landsmann stritt, der ein halbes Jahr gegen meine zehn Stunden setzte. Ich verteidigte Irland leidenschaftlich, kämpfte mit Tee, *Tantum ergo*, Joyce und Yeats gegen die Karbonade, die für mich um so gefährlicher war, als ich sie gar nicht kannte (erst als ich längst wieder zu Hause war, mußte ich im *Duden* nachschlagen, um sie zu identifizieren: *Gebratenes Rippenstück* las ich dort), dunkel nur ahnte ich, als ich gegen sie kämpfte, daß es ein Fleischgericht sein müsse – aber mein Kampf war vergebens; wer ins Ausland geht, möchte die Nachteile des eigenen Landes – oh, diese Hetze zu Hause! – zwar gern missen, dessen Karbonaden aber mitnehmen; wahrscheinlich wird man nicht ungestraft in Rom Tee trinken, sowenig wie man ungestraft – es sei denn bei einem Italiener – in Irland Kaffee trinkt. Ich gab den Kampf auf, fuhr im Bus zurück und bewunderte die endlosen Menschenschlangen vor den Kinos, deren es reichlich zu geben schien: Morgens, dachte ich, drängen sie sich in und vor den

Kirchen, abends offenbar in und vor den Kinos; an einer grünen Zeitungsbude erlag ich wieder dem Lächeln einer Irin, kaufte Zeitungen, Zigaretten, Schokolade, dann fiel mein Blick auf ein Buch, das unbeachtet zwischen Broschüren lag: sein weißer Titel, rotumrandet, war schon beschmutzt, antiquarisch war's für einen Schilling zu haben, und ich kaufte es. Es war der ›Oblomow‹ von Gontscharow in englischer Übersetzung. Ich wußte zwar, daß Oblomow runde 4000 Kilometer weiter östlich beheimatet war, ahnte aber auch, daß er nicht schlecht in dieses Land paßte, wo man das Frühaufstehen haßt.

3

Bete für die Seele des Michael O'Neill

An Swifts Grab hatte ich mir das Herz erkältet, so sauber war St. Patrick's Cathedral, so menschenleer und so voll patriotischer Marmorfiguren, so tief unter dem kalten Gestein schien der desperate Dean zu liegen, neben ihm Stella: zwei quadratische Messingplatten, blank geputzt wie von deutscher Hausfrauenhand: die größere für Swift, die kleinere für Stella: Disteln hätte ich haben mögen, hart, groß, langstielig, ein paar Kleeblätter, und noch ein paar dornenlose, milde Blüten, Jasmin vielleicht oder Geißblatt: das wäre der rechte Gruß für die beiden gewesen, aber meine Hände waren so leer wie die Kirche, so kalt und so sauber. Regimentsfahnen hingen nebeneinander, halbgesenkt: rochen sie wirklich nach Pulver? Sie sahen so aus, als röchen sie danach, aber es roch nur nach Moder, wie in allen Kirchen, in denen seit Jahrhunderten kein Weihrauch mehr verbrannt wird; es war mir, als würde mit Eisnadeln auf mich geschossen, ich floh, entdeckte erst am Eingang, daß doch ein Mensch in der Kirche war: die Putzfrau, die mit Lauge den Eingang aufwusch, sie machte sauber, was sauber genug war.

Vor der Kathedrale stand ein irischer Bettler, der erste, dem ich begegnete; nur in südlichen Ländern gibt es sonst solche Bettler, aber im Süden scheint die Sonne: hier, nördlich des 53. Breitengrades, ist Zerlumptheit, Zerrissenheit etwas anderes als südlich des 30. Breitengrades; Regen fällt über die Armut, und Schmutz könnte hier selbst von einem unverbesserlichen Ästheten nicht mehr als malerisch empfunden werden; das Elend hockt hier in den Slums um St. Patrick herum, in manchen Winkeln, manchen Häusern noch so, wie Swift es 1743 gesehen haben mag.

Dem Bettler hingen beide Rockärmel leer vom Körper: schmutzig waren diese Hüllen für Glieder, die er nicht mehr hatte; epileptisches Zucken fuhr ihm gewitterig übers Gesicht, und doch war sein schmales, dunkles Gesicht von einer Schönheit, die in einem anderen als meinem Notizbuch aufgezeichnet werden wird; die Zigarette mußte ich ihm angezündet zwischen die Lippen, Geld ihm in die Rocktasche stecken: es schien mir fast, als statte ich einen Leichnam mit Geld aus. Dunkelheit hing über Dublin: alles, was es zwischen Schwarz und Weiß an grauen Tönen gibt, hatte sich am Himmel sein eigenes Wölkchen ausgesucht, der Himmel war bedeckt wie mit einem Gefieder unzähliger Graus: kein Streifen, kein Fetzchen vom irischen Grün; langsam, zuckend wechselte unter diesem Himmel der Bettler aus St. Patrick's Park in die Slums hinüber.

In den Slums liegt an manchen Stellen der Schmutz in schwarzen Flocken auf den Fensterscheiben, als sei er absichtlich dagegengeworfen worden, aus Kaminen, aus Kanälen gefischt; aber absichtlich geschieht hier so leicht nichts, und von selbst nicht viel: Trunk geschieht hier, Liebe, Gebet und Fluch, Gott wird heftig geliebt und gewiß ebenso heftig gehaßt.

In den dunklen Hinterhöfen, die Swifts Auge noch gesehen hat, haben Jahrzehnte und Jahrhunderte diesen Schmutz abgelagert: das bedrückende Sediment der Zeit. In den Schaufenstern der Trödler lag wilder bunter Kitsch, und endlich fand ich eins meiner Reiseziele: die Einzelsäuferkoje mit dem Ledervorhang: in diese sperrt sich der Trinkende selbst ein wie ein Pferd; um mit Whiskey und Schmerz allein zu sein, mit Glauben und Unglauben, versenkt er sich tief unter die Zeit, in den Caisson der Passivität, solange das Geld reicht; bis er gezwungen ist, wieder an die Oberfläche der Zeit zu tauchen, an den müden Paddelbewegungen irgendwie sich zu beteiligen, sinnlose und hilflose Bewegungen, da doch jedes Boot unweigerlich auf die dunklen Wasser des Styx zutreibt. Kein Wunder, daß für die Frauen, die Tätigen dieser Erde, in diesen Kneipen kein Platz ist: hier ist der Mann allein mit seinem Whiskey, weit entfernt von all den Unternehmungen, auf die er sich notgedrungen eingelassen hat, Unternehmungen, die den Namen Familie, Beruf, Ehre, Gesellschaft tragen: bitter ist der Whiskey, wohltuend, und irgendwo westlich, 4000 Kilometer Wasser bis dahin, und irgendwo östlich, zwei Meere zu überqueren bis dahin – gibt es solche, die an Tätigkeit und Fortschritt glauben. Ja, es gibt sie; so bitter ist der Whiskey, wohltuend; der bullige Wirt reicht das nächste Glas in die Koje hinein. Nüchtern sind seine Augen, blau: er glaubt an das, woran die, die ihn reich machen, nicht glauben. Im Holzwerk der Kneipe, in Täfelung, Wandung der Einzelsäuferkoje, sitzen Witze und Flüche, Hoffnungen und Gebete der anderen; wie viele mögen es sein?

Schon ist zu spüren, wie sich der Caisson – die Einzelsäuferkoje – immer tiefer auf den dunklen Grund der Zeit senkt: vorbei an Wracks und Fischen, aber auch hier unten gibt es keine Ruhe mehr, seit die Tiefseetaucher ihre Geräte entwickelt haben. Auftauchen also, Luft holen, und wieder einsteigen in die Unternehmungen, die Ehre, Beruf, Familie, Gesellschaft heißen, bevor der Caisson von den Tiefseetauchern angebohrt wird. »Wieviel?« Geldmünzen, viele, in die harten, blauen Augen des Wirtes geworfen.

Immer noch war der Himmel mit der Vielfalt der Graus gefiedert, keines von den unzähligen irischen Grüns zu sehen, als ich auf die andere Kirche zuging. Nur wenig Zeit war vergangen: im Kircheneingang stand der Bettler, und die Zigarette, die ich ihm in den Mund gesteckt hatte, wurde ihm gerade von Schuljungen aus dem Mund genommen, sorgfältig geköpft, damit kein Krümelchen Tabak verlorenging, der Rest wurde vorsichtig in die Rocktasche des Bettlers gesteckt, die Mütze wurde ihm abgenommen – wer wird, auch wenn er beide Arme verloren hat, mit der Mütze auf dem Kopf das Haus Gottes betreten? –, die Tür wurde ihm aufgehalten, schwer klatschten die leeren Rockärmel gegen den Türrahmen: naß waren sie und schmutzig, als habe er sie durch die Gosse geschleift, aber da drinnen fragt niemand nach Schmutz.

So leer, so sauber und so schön war St. Patrick's Cathedral; voller Menschen, voller Kitsch war diese Kirche, und sie war nicht gerade schmutzig, aber schusselig: so sehen in kinderreichen Familien die Wohnzimmer aus. Einige Leute – ich hörte, einer davon sei ein Deutscher, der so die Segnungen deutscher Kultur über Irland ausbreitet – müssen in Irland viel Geld an Gipsfiguren verdienen, aber der Zorn gegen den Kitschfabrikanten wird schwach denen gegenüber, die vor seinen Erzeugnissen beten; je bunter, desto besser; je kitschiger, desto besser; möglichst »wie das Leben selbst« (Vorsicht, Beter: denn das Leben ist nicht »wie das Leben selbst«).

Eine dunkelhaarige Schönheit mit dem Trotz eines beleidigten Engels im Gesicht betet vor der Statue der heiligen Magdalena; grün ist die Blässe dieses Gesichts: aufgezeichnet werden diese Gedanken und Gebete in dem Buch, das ich nicht kenne. Schuljungen mit Hurlingschlägern unter dem Arm beten den Kreuzweg ab; Öllämpchen brennen in dunklen Winkeln vor dem Herzen Jesu, vor der *little Flower*, vor St. Antonius, Franziskus: hier wird Religion bis zur Neige ausgekostet; der Bettler sitzt in der letzten Bank und hält sein epileptisch zuckendes Gesicht in den Raum, in dem noch Weihrauchwolken hängen.

Neu und bemerkenswert sind als Errungenschaften der Devotionalienindustrie der Neon-Heiligenschein um Mariens Haupt und das phosphoreszierende Kreuz im Weihwasserbecken, das im Dämmer der Kirche rosig leuchtet. Wird wohl in dem Buch getrennt aufgezeichnet werden, wer hier vor Kitsch, wer in Italien vor Fra Angelicos Fresken gebetet hat?

Immer noch starrt die schwarzhaarige Schönheit mit grünblassem Gesicht auf Magdalena, immer noch zuckt das Gesicht des Bettlers: sein ganzer Körper ist vom Schütteln befallen, das Schütteln verursacht ein leises Klimpern der Münzen in seiner Tasche; die Jungen mit den Hurlingschlägern scheinen den Bettler zu kennen, scheinen auch das Zucken des Gesichts, das leise Lallen zu verstehen: einer von ihnen greift in des Bettlers Tasche, und auf der schmutzigen Jungenhand liegen vier Geldstücke: zwei Pennies, ein Sixpencestück und ein Threepencestück. Ein Penny und das Threepencestück bleiben auf der Jungenhand, der Rest klimpert in den Opferstock: hier liegen die Grenzen von Mathematik, Psychologie und Volkswirtschaft, die Grenzen aller mehr oder weniger exakten Wissenschaften liegen scharf übereinander im Zucken des epileptischen Bettlergesichts: eine zu schmale Basis, als daß ich mich ihr anvertrauen möchte. Aber immer noch sitzt mir die Kälte von Swifts Grab her im Herzen: Sauberkeit, Leere, Marmorfiguren, Regimentsfahnen, und die Frau, die säuberte, was sauber genug war; schön war St. Patrick's Cathedral, häßlich ist diese Kirche, aber sie wird benutzt, und ich fand auf ihren Bänken, was ich auf vielen irischen Kirchenbänken fand: kleine Emailletafeln, die zu einem Gebet auffordern: *Bete für die Seele des Michael O'Neill, der am 17.1.1933 60jährig starb. Bete für die Seele der Mary Keegan, die am 9. Mai 1945 achtzehnjährig starb;* welch eine fromme und geschickte Erpressung: die Verstorbenen werden lebendig, ihr Sterbedatum verbindet sich für den, der das Täfelchen liest, mit seinem Erlebnis an diesem Tag, in diesem Monat, diesem Jahr. Mit zuckendem Gesicht wartete Hitler auf die Macht, als hier 60jährig Michael O'Neill starb; als Deutschland kapitulierte, starb achtzehnjährig Mary Keegan. *Bete* – so las ich – *für Kevin Cassidy, der am*

20.12.1930 dreizehnjährig starb, und es traf mich wie ein elektrischer Schlag, denn im Dezember 1930 war ich selbst dreizehn Jahre alt: in einer großen, dunklen Wohnung der Kölner Südstadt – herrschaftliches Mietshaus, so hätte man das 1908 noch genannt – hockte ich mit dem Weihnachtszeugnis in der Hand; die Ferien hatten begonnen, und ich sah durch eine zerschlissene Stelle des zimtfarbenen Vorhangs auf die winterliche Straße hinunter.

Ich sah die Straße rötlich gefärbt, wie mit unechtem, mit Bühnenblut beschmiert: rot die Schneehaufen, rot den Himmel über der Stadt, und das Kreischen der Straßenbahn, wenn sie in die Schleife der Endstation einbog, auch dieses Kreischen hörte ich rot. Wenn ich aber das Gesicht durch den Schlitz zwischen den Vorhängen schob, sah ich es, wie es wirklich war: bräunlich die Ränder der Schneeinseln, schwarz den Asphalt, die Straßenbahn hatte eine Farbe, wie schlechtgepflegte Zähne sie haben, das Knirschen aber, wenn die Straßenbahn in die Schleife einbog, das Knirschen hörte ich hellgrün: hellgrün schoß es giftig ins blanke Geäst der Bäume auf.

An diesem Tag also starb in Dublin Kevin Cassidy, dreizehnjährig, so alt, wie ich damals war: hier wurde die Tumba aufgestellt, *Dies irae, dies illa* von der Orgelempore herunter gesungen, Kevins erschrockene Schulkameraden füllten die Bänke; Weihrauch, Kerzenhitze, silberne Troddeln am schwarzen Leichentuch, während ich mein Zeugnis zusammenfaltete, den Schlitten aus dem Spind holte, um rodeln zu gehen. Ich hatte in Latein eine Zwei, und Kevins Sarg wurde ins Grab gesenkt.

Später, als ich die Kirche verlassen hatte und durch die Straßen ging, ging Kevin Cassidy immer neben mir her: ich sah ihn lebend, so alt wie mich selbst, mich selbst für Sekunden als den siebenunddreißigjährigen Kevin: Vater von drei Kindern war er, wohnte in den Slums um St. Patrick herum; bitter war der Whiskey, kühl und teuer, aus Swifts Grab wurde mit Eis auf ihn geschossen: grünblaß war das Gesicht seiner dunkelhaarigen Frau, Schulden hatte er und ein Häuschen, wie es unzählige in London, Tausende in Dublin gibt, bescheiden, zweistöckig, arm; kleinbürgerlich, muffig, trostlos würde der unverbesserliche Ästhet sie nennen (aber Vorsicht, Ästhet: in einem von diesen Häusern wurde James Joyce geboren, im anderen Sean O'Casey).

So nah war Kevins Schatten, daß ich zwei Whiskey bestellte, als ich in die Einzelsäuferkoje zurückging; doch der Schatten hob das Glas nicht an den Mund, und so trank ich für Kevin Cassidy, der am 20.12.1930 dreizehnjährig starb – ich trank für ihn mit.

4

Mayo – God help us

In der Mitte Irlands, in Athlone, zweieinhalb Schnellzugstunden hinter Dublin, wird der Zug zu zwei Hälften auseinandergekoppelt, die bessere Hälfte, die den Speisewagen behält, geht nach Galway weiter, die benachteiligte Hälfte, in der wir bleiben, geht nach Westport. Wir würden den Speisewagen, in dem gerade das zweite Frühstück serviert wird, mit noch schmerzlicheren Gefühlen scheiden sehen, wenn wir Geld hätten, englisches, irisches, um ein Frühstück oder einen Lunch zu bezahlen. So aber – da uns zwischen Ankunft des Schiffes und Abfahrt des Zuges nur eine halbe Stunde blieb und die Wechselstuben in Dublin erst um halb zehn öffnen – haben wir nur die leichten, doch hier nutzlosen Scheine, wie sie aus der Notenpresse der Bank deutscher Länder kommen: Fuggers Gesicht hat keinen Kurs in Mittelirland.

Noch habe ich den Schrecken, der mich in Dublin überfiel, nicht ganz vergessen: Als ich auf der Suche nach einer Wechselmöglichkeit den Bahnhof verließ, wäre ich fast von einem knallroten Auto überfahren worden, dessen einziger Schmuck ein prägnantes Hakenkreuz war. Hat jemand Lieferwagen des ›Völkischen Beobachters‹ hierhin verkauft, oder hat der ›Völkische Beobachter‹ hier noch eine Niederlage? Genauso sahen die Autos aus, die ich noch in Erinnerung hatte; aber der Fahrer des Autos bekreuzigte sich, als er mich freundlich aufforderte weiterzugehen, und beim näheren Zusehen klärte sich alles auf. Es war nur die *Swastika Laundry*, die ihr Gründungsjahr, 1912, deutlich sichtbar unter dem Hakenkreuz aufgemalt hatte; doch die bloße Möglichkeit, es hätte eines jener Autos sein können, genügte, mir den Atem zu nehmen.

Ich fand keine Bank offen, kehrte entmutigt zum Bahnhof zurück, schon entschlossen, den Zug nach Westport fahrenzulassen, denn ich konnte die Fahrkarten nicht bezahlen. Es blieb uns die Wahl, ein Hotelzimmer zu nehmen, auf den nächsten Tag, den nächsten Zug zu warten (denn der Nachmittagszug würde keinen Anschluß mehr an unseren Bus haben) – oder auf *irgendeine* Weise ohne Fahrkarten in den Zug nach Westport zu kommen; diese *irgendeine* Weise fand sich: Wir fuhren auf Kredit; der Bahnhofsvorsteher in Dublin, gerührt von dem Anblick dreier übernächtigter Kinder, zweier verzagter Frauen und eines ratlosen Vaters (vor zwei Minuten erst dem Hakenkreuzauto entkommen!), rechnete mir vor, daß die Hotelnacht soviel kosten würde wie die ganze Eisenbahnfahrt nach Westport: Er notierte meinen Namen, die *Anzahl der auf Kredit beförderten Personen*, drückte mir tröstend die Hand und gab dem Zug das Abfahrtszeichen.

So gelangten wir auf dieser merkwürdigen Insel in den Genuß dieser einzigen Art eine Kredits, den wir noch nie bekommen und zu bekommen versucht hatten: den Kredit einer Eisenbahngesellschaft.

Doch leider gab es im Speisewagen kein Frühstück auf Kredit; der Versuch, es zu bekommen, scheiterte: Fuggers Physiognomie, wenn auch auf tadellosem Banknotenpapier, überzeugte den Oberkellner nicht. Wir wechselten seufzend das letzte Pfund, ließen uns die Thermosflasche voll Tee und einen Packen belegter Brote geben. Den Schaffnern aber blieb die harte Pflicht, merkwürdige Namen in ihre Notizbücher zu schreiben. Es geschah einmal, zweimal, dreimal, und es entstand für uns die bange Frage: Werden wir einmal, zweimal oder dreimal diese einzigartigen Schulden bezahlen müssen?

Der neue Schaffner, der in Athlone zustieg, war rothaarig, eifrig und jung; als ich ihm gestand, keine Fahrkarten zu haben, ging ein Leuchten des Erkennens über sein Gesicht. Offenbar waren wir ihm avisiert, offenbar wurden unsere Namen und unser Kredit sowie die *Anzahl der auf Kredit beförderten Personen* von Station zu Station durchtelegrafiert.

Vier Stunden lang noch hinter Athlone schlängelte sich der Zug, der jetzt zum Personenzug geworden war, zu immer kleineren, immer westlicheren Stationen durch. Die Glanzpunkte seines Haltens waren die Städte, die noch zwischen Athlone (9000 Einwohner) und der Küste liegen: Roscommon und Claremorris mit soviel Einwohnern, wie drei städtische Mietskasernen sie haben, Castlebar, die Hauptstadt der Provinz Mayo, mit viertausend und Westport mit dreitausend Einwohnern; auf einer Strecke, die etwa der Entfernung Köln – Frankfurt entspricht, nimmt die Bevölkerungsdichte immer mehr ab, dann kommt das große Wasser und dahinter New York mit dreimal soviel Einwohnern wie der ganze Freistaat Irland, mit mehr Iren, als in den drei Provinzen hinter Athlone leben.

Klein sind die Stationen, hellgrün die Bahnhofsgebäude, schneeweiß die Umzäunungen gestrichen, und auf dem Bahnsteig steht meistens ein einsamer Junge, der sich aus Mutters Tablett und einem Lederriemen einen Bauchladen gemacht hat: drei Tafeln Schokolade, zwei Äpfel, ein paar Rollen Pfefferminz, Kaugummi und ein *Comic*; einem dieser Knaben wollten wir unseren letzten silbernen Schilling anvertrauen, doch die Wahl war schwierig. Die Frauen plädierten für Äpfel und Pfefferminz, die Kinder für Kaugummi und *Comic*. Wir schlossen einen Kompromiß und kauften das *Comic* und eine Tafel Schokolade. Das Heft hatte den vielversprechenden Titel ›Bat Man‹, und auf dem Titel sah man einen dunkel maskierten Mann an Hausfassaden hochklettern.

Einsam auf dem kleinen Bahnhof im Moor blieb der lächelnde Junge zurück. Der Stechginster blühte, die Fuchsienhecken hatten schon Knospen; wilde grüne Hügel, Torfhaufen; ja, grün ist Irland, sehr grün, aber sein Grün ist nicht nur das Grün der Wiesen, auch das Grün des Mooses, gewiß hier, hinter Roscommon, auf Mayo zu, und Moos ist die Pflanze der Resignation, der Verlassenheit. Verlassen ist das Land, es entvölkert sich langsam, aber stetig, und uns – keiner von uns hatte diesen Streifen Irland je gesehen, je das Haus besichtigt, das wir *irgendwo im Westen* gemietet hatten –, uns wurde ein wenig bang: vergebens suchten die Frauen links und rechts der Eisenbahn nach Kartoffeläckern, Gemüsefeldern, nach dem frischen, weniger resignierten Grün des Salats, dem dunkleren der Erbse. Wir teilten den Riegel Schokolade und versuchten, uns mit ›Bat Man‹ zu trösten, aber der war wirklich zu *bad*. Er kletterte nicht nur, wie er auf dem Titelblatt versprochen hatte, an Hausfassaden hoch; offenbar war es eines seiner Hauptvergnügen, Frauen im Schlaf zu erschrecken; auch konnte er, indem er seinen Mantel ausbreitete, durch die Lüfte davonfliegen, Millionären Dollars abnehmen, und seine Taten waren in einem Englisch beschrieben, das nicht auf kontinentalen Schulen und nicht auf den Schulen Englands und Irlands gelehrt wird; stark war ›Bat Man‹ und schrecklich gerecht, aber hart, und er konnte gegen Ungerechte sogar grausam sein, schlug er doch auch gelegentlich jemandem die Zähne ein, welcher Vorgang in schöner Lautmalerei mit *Skrietsch* überschrieben war. Keinen Trost bot ›Bat Man‹.

Blieb uns ein anderer Trost: Unser rothaariger Schaffner erschien und notierte uns lächelnd zum fünftenmal. Dieser geheimnisvolle Vorgang des häufigen Notierens ließ sich erklären. Wir hatten wieder eine Provinzgrenze überschritten und waren im County Mayo angelangt. Nun haben die Iren eine merkwürdige Gewohnheit; wenn der Name der Provinz Mayo genannt wird (es sei lobend, tadelnd oder unverbindlich), sobald nur das Wort Mayo fällt, fügen die Iren hinzu: »*God help us!*« Es klingt wie die Antwort in einer Litanei: »Herr, erbarme dich unser!«

Der Schaffner entschwand mit der feierlichen Versicherung, daß er uns nicht noch einmal würde notieren müssen, und wir hielten auf einem kleinen Bahnhof. Auch hier wurde ausgeladen, was an allen anderen Bahnhöfen ausgeladen worden war: Zigaretten, nichts sonst. Schon hatten wir uns angewöhnt, an der Größe der ausgeladenen Zigarettenballen die Größe des Hinterlandes abzuschätzen, und wie ein Blick auf die Karte bewies, stimmte unsere Kalkulation. Ich ging durch den Zug in den Packwagen, um nachzusehen, wieviel Zigarettenpakete dort noch lagerten. Ein kleinerer und ein großer Ballen lagen noch dort, und so wußte ich, wieviel Bahnhöfe noch zu passieren waren. Der Zug war beängstigend leer geworden. Achtzehn Personen zählte ich, wir allein waren sechs davon, und es schien uns, als führen wir schon eine Ewigkeit durch Torfhalden, Moor, und noch immer nicht war das frische Grün des Salats zu sehen, nicht das dunklere der Erbse oder das bittere der Kartoffel. Mayo, flüsterten wir leise. *God help us!*

Wir hielten, der große Ballen Zigaretten wurde ausgeladen, und über das schneeweiße Gitter des Bahnsteiges blickten dunkle Gesichter, beschattet von Schlägerkappen, Männer, die eine Autokolonne zu bewachen schienen; auch an anderen Bahnhöfen waren mir solche aufgefallen, Autos und die lauernden Männer; jetzt erst erinnerte ich mich, wie oft ich sie vorher schon gesehen hatte. Sie kamen mir vertraut vor, wie die Zigarettenpakete, wie unser Schaffner und die kleinen irischen

Güterwagen, die nur wenig mehr als halb so groß sind wie die englischen und kontinentalen. Ich ging in den Packwagen, wo unser rothaariger Freund auf dem letzten Zigarettenballen hockte; vorsichtig die englischen Vokabeln benutzend, so wie Anfänger im Jonglieren mit Porzellantellern umgehen mögen, fragte ich ihn, welche Bedeutung diesen dunklen Männern mit den Schlägerkappen zukomme, welches der Zweck ihrer Autos sei; ich erwartete irgend etwas Folkloristisches: ins Moderne übertragene Entführung, Raubüberfall, aber die Antwort des Schaffners war verblüffend einfach:

»Das sind Taxis«, sagte er, und ich atmete erleichtert auf. Taxis gibt es also auf jeden Fall, so sicher, wie es Zigaretten gibt. Der Schaffner schien meinen Schmerz erkannt zu haben: er bot mir eine Zigarette an, ich nahm sie gerne, er gab mir Feuer und sagte verheißungsvoll lächelnd:

»In zehn Minuten werden wir am Ziel sein.«

Pünktlich laut Fahrplan waren wir zehn Minuten später in Westport. Hier wurde uns ein feierlicher Empfang zuteil. Der Bahnhofsvorsteher persönlich, ein großer und würdiger alter Herr, postierte sich freundlich lächelnd vor unser Zugabteil und hob zur Begrüßung einen großen, ziselierten Messingstab, das Zeichen seiner Würde, an die Mütze. Er half den Damen, half den Kindern, winkte einen Träger herbei, drängelte mich zielsicher, aber unauffällig in sein Büro, notierte meinen Namen, meine irische Adresse und riet mir väterlich, mich nicht der Hoffnung hinzugeben, daß ich in Westport mein Geld gewechselt bekäme. Er lächelte noch milder, als ich ihm meine Fuggerporträts zeigte, sagte: »*A nice man, a very nice man*«, indem er auf Fugger deutete, und beschwichtigte mich:

»Es hat ja Zeit«, sagte er, »es hat wirklich Zeit, Sie werden schon zahlen. Beunruhigen Sie sich nicht.«

Noch einmal nannte ich ihm den Wechselkurs, aber der würdige alte Mann wiegte nur leise seinen Messingstab hin und her und sagte:

»Ich würde mir keine Sorgen machen.« (*I shouldn't worry*). (Wobei uns die Plakate geradezu auffordern, sich Sorgen zu machen. *Denken Sie an Ihre Zukunft. Sicherheit über alles! Sichern Sie Ihre Kinder!*)

Aber noch machte ich mir Sorgen. Bis hierher hatte der Kredit gereicht, aber würde er weiter reichen, für zwei Stunden Aufenthalt in Westport, für zweieinhalb Stunden Omnibusfahrt bis zum Ziel, durch Mayo – *God help us?*

Ich konnte den Bankdirektor noch aus seiner Wohnung herausklingeln; er zog die Augenbrauen hoch, denn es war sein freier Nachmittag; ich konnte ihn auch – und seine Augenbrauen senkten sich – von der relativen Schwierigkeit meiner Situation überzeugen: einiges Geld, und doch keinen Pfennig in der Tasche! Aber von der Kreditwürdigkeit meiner Fuggersammlung konnte ich ihn nicht überzeugen. Er hatte wohl irgend etwas von Ost- und West-Mark gehört, von dieser Währungsdifferenz, und als ich, rechts unterhalb Fugger, *Frankfurt* zeigte, sagte er – er muß in Geographie eine Eins gehabt haben –: »Es gibt auch ein Frankfurt in der anderen Hälfte Deutschlands«; da blieb mir nur noch übrig – was ich nicht gerne tat –, den Main gegen die Oder auszuspielen, aber er hatte offenbar in Geographie nicht *Summa cum laude* gehabt, und solche feineren Unterschiede waren ihm, auch angesichts des amtlichen Wechselkurses, eine zu schmale Basis für einen größeren Kredit.

»Ich muß das Geld nach Dublin schicken«, sagte er.

»Das Geld«, sagte ich, »so wie es ist?«

»Natürlich«, sagte er, »was soll ich denn hier damit?«

Ich senkte das Haupt: Er hatte recht, was sollte er damit?

»Wie lange wird es dauern«, sagte ich, »bis Sie aus Dublin Bescheid haben?«

»Vier Tage«, sagte er.

»Vier Tage«, sagte ich, »*God help us!*«

Das wenigstens hatte ich gelernt. Ob er mir dann auf dieses Päckchen hin einen Kredit gewähren könne, einen kleinen? Er blickte nachdenklich auf Fugger, auf *Frankfurt*, auf mich, öffnete die Kassenschublade und gab mir zwei Pfundnoten.

Ich schwieg, unterschrieb eine Quittung, bekam eine von ihm und verließ die Bank. Natürlich regnete es, und mein *people* erwartete mich hoffnungsvoll an der Bushaltestelle. Hunger sprach aus den Blicken, die fast schon schmachtend waren, die Erwartung starker männlicher, starker väterlicher Hilfe, und ich entschloß mich, zu tun, worauf sich der Mythos der Männlichkeit gründet, ich entschloß mich, zu schwindeln. Ich lud alle mit großer Geste zum Tee ein, zu Schinken und Eiern, Salat – wo kam er bloß her? –, zu Keks und Eiskrem und war glücklich, nach bezahlter Zeche noch eine halbe Krone übrig zu haben. Das langte gerade noch für zehn Zigaretten, Zündhölzer und einen silbernen Schilling Reserve.

Noch wußte ich nicht, was ich vier Stunden später wußte: daß man auch Trinkgelder auf Kredit geben kann, und als wir erst am Ziel waren, am Rande von Mayo, fast am Achill Head, von wo es bis New York nur noch Wasser gibt – da trat der Kredit erst in rechte Blüte, schneeweiß war das Haus gestrichen, marineblau die Fensterrahmen, im Kamin brannte das Feuer. Es gab als Begrüßungsmahl frischen Lachs. Hellgrün war die See, vorne, wo sie auf den Strand rollte, dunkelblau zur Mitte der Bai hin, und ein schmaler, sehr weißer Saum war zu sehen dort, wo sie sich am Clare Island brach.

Am Abend noch bekamen wir, was soviel wert war wie bares Geld, das Anschreibebuch des Shopbesitzers. Es war dick, fast achtzig Seiten stark, sehr solide in rotes Leder gebunden, es schien auf Dauer angelegt.

Wir waren am Ziel, in Mayo – *God help us?*

5

Skelett einer menschlichen Siedlung

Plötzlich, als wir die Höhe des Berges erreicht hatten, sahen wir das Skelett des verlassenen Dorfes am nächsten Hang liegen. Niemand hatte uns davon erzählt, niemand uns gewarnt; es gibt so viele verlassene Dörfer in Irland. Die Kirche, den kürzesten Weg zum Strand hatte man uns gezeigt und den Laden, in dem es Tee, Brot, Butter und Zigaretten gibt, auch die Zeitungsagentur, die Post und den kleinen Hafen, in dem die harpunierten Haie bei Ebbe im Schlamm liegen wie gekenterte Boote, mit dem dunklen Rücken nach oben, wenn nicht zufällig die letzte Flutwelle ihren weißen Bauch, aus dem die Leber herausgeschnitten worden

war, nach oben kehrte – das schien der Erwähnung
wert, aber nicht das verlassene Dorf: graue, gleichför-
mige Steingiebel, die wir zunächst ohne perspektivi-
sche Tiefe sahen, wie dilettantisch aufgestellte Kulissen
für einen Gespensterfilm: mit stockendem Atem versuchten wir sie zu zählen, gaben es bei vierzig auf, und
hundert waren es sicher. Die nächste Kurve des Weges
brachte uns in andere Distanz, und nun sahen wir sie
von der Seite: Rohbauten, die auf den Zimmermann zu
warten schienen: graue Steinmauern, dunkle Fenster-
höhlen, kein Stück Holz, kein Fetzen Stoff, nichts Far-
biges, wie ein Körper ohne Haare, ohne Augen, ohne
Fleisch und Blut: das Skelett eines Dorfes, grausam
deutlich in seiner Struktur: dort die Hauptstraße; an
der Biegung, wo der kleine runde Platz ist, muß eine
Kneipe gewesen sein. Eine Nebengasse, noch eine. Alles, was nicht Stein war, weggenagt von Regen, Sonne
und Wind – und von der Zeit, die geduldig über alles
hinträufelt: vierundzwanzig große Tropfen Zeit pro
Tag: die Säure, die so unmerklich alles zerfrißt wie Resignation ...
    Würde jemand das zu malen versuchen, dieses Ge-
bein einer menschlichen Siedlung, in der vor hundert
Jahren fünfhundert Menschen gewohnt haben mögen;
lauter graue Drei- und Vierecke am grünlichgrauen
Berghang; würde er noch das Mädchen mit dem roten
Pullover hinzunehmen, das gerade mit einer Kiepe voll
Torf durch die Hauptstraße geht; einen Tupfer Rot für
ihren Pullover und einen dunklen Brauns für den Torf,
einen helleren Brauns für das Gesicht des Mädchens;
und noch die weißen Schafe hinzu, die wie Läuse zwischen den Ruinen hocken; man würde ihn für einen
ganz außerordentlich verrückten Maler halten: so abstrakt ist also die Wirklichkeit. Alles, was nicht Stein

war, weggefressen von Wind, Sonne, Regen und Zeit, schön ausgebreitet am düsteren Hang wie zur Anatomiestunde das Skelett eines Dorfes: dort – »sieh doch, genau wie ein Rückgrat« – die Hauptstraße, ein wenig verkrümmt wie das Rückgrat eines schwer Arbeitenden; kein Knöchelchen fehlt; Arme sind da und die Beine: die Nebenstraßen und, ein wenig zur Seite gerollt, das Haupt, die Kirche, ein etwas größeres graues Dreieck. Linkes Bein: die Straße, die ostwärts den Hang hinauf, rechtes: die andere, die ins Tal führte; diese ein wenig verkürzt. Das Skelett eines leicht humpelnden Wesens. So könnte, wenn er in dreihundert Jahren als Skelett freigelegt würde, der Mann aussehen, den seine vier mageren Kühe an uns vorbei auf die Weide treiben, ihm die Illusion lassend, daß er sie treibe; sein rechtes Bein ist durch einen Unfall verkürzt, krumm ist sein Rücken von der Mühsal des Torfstechens, und auch sein müdes Haupt wird ein wenig zur Seite rollen, wenn man ihn in die Erde senkt. Er hat uns schon überholt, schon sein »*nice day*« gemurmelt, bevor wir Atem genug gefunden hatten, ihm zu antworten oder ihn nach diesem Dorf zu fragen.

So sah keine zerbombte Stadt, kein mit Artillerie beschossenes Dorf aus; Bomben und Granaten sind ja nur verlängerte Tomahawks, Schlachtenbeile, Schlachtenhämmer, mit denen man zerbricht, zerhackt, hier aber ist keine Spur von Gewalt zu sehen: Zeit und Elemente haben alles in unendlicher Geduld weggefressen, was nicht Stein war, und aus der Erde wachsen Polster, auf denen diese Gebeine wie Reliquien ruhen: Moos und Gras.

Niemand würde hier eine Mauer umzustürzen versuchen oder einem verlassenen Haus Holz (das hier sehr kostbar ist) entnehmen (bei uns nennt man das *ausschlachten;* hier schlachtet niemand aus); und nicht einmal die Kinder, die abends das Vieh von der Weide oberhalb des verlassenen Dorfes heimtreiben, nicht einmal die Kinder versuchen, Mauern oder Hauseingänge einzustürzen; unsere Kinder, als wir plötzlich mitten im Dorf waren, versuchten es gleich: dem Erdboden gleichmachen. Hier machte niemand etwas dem Erdboden gleich, und man läßt die weicheren Teile verlassener Wohnstätten dem Wind, dem Regen, der Sonne und der Zeit zur Nahrung, und nach sechzig, siebzig oder hundert Jahren bleiben dann wieder Rohbauten übrig, auf die niemals wieder ein Zimmermann seinen Kranz zum Richtfest stecken wird: so sieht also eine menschliche Siedlung aus, die man nach dem Tode in Frieden gelassen hat.

Immer noch beklommen, gingen wir zwischen den kahlen Giebeln über die Hauptstraße, drangen in Nebengassen ein, und langsam wich die Beklommenheit: Gras wuchs auf den Straßen, Moos hatte sich über Mauern und Kartoffeläcker gezogen, kroch an den Häusern hoch, und die Steine der Giebel, von Mörtel freigewaschen, waren weder Bruch- noch Ziegelsteine, sondern Geröllbrocken, so wie der Berg sie in seinen Bächen zu Tal gerollt hatte, Felsplatten die Stürze über Türen und Fenstern, breit wie Schulterknochen die beiden Steinplatten, die aus der Wand herausragten, dort, wo der Kamin gewesen war: an ihnen hatte einmal die Kette für den eisernen Kochtopf gehangen: blasse Kartoffeln wurden in bräunlichem Wasser gar.

Wir gingen von Haus zu Haus wie Hausierer, und immer wieder fiel, wenn der kurze Schatten an der Schwelle über uns hinweggestürzt war, immer wieder fiel das blaue Viereck des Himmels über uns; größer war's bei den Häusern, in denen einmal Wohlhabendere gewohnt hatten, kleiner bei den Armen: nur die Größe des blauen Himmelvierecks unterschied sie hier noch einmal voneinander. In manchen Stuben wuchs schon das Moos, manche Schwellen waren schon von bräunlichem Wasser verdeckt; in den Stirnwänden waren hier und da noch die Pflöcke fürs Vieh zu sehen; Schenkelknochen von Ochsen, an denen die Kette befestigt gewesen war.

»Hier stand der Herd« – »Dort das Bett« – »Hier über dem Kamin hing das Kruzifix« – »Da ein Wandschrank«: zwei aufrechte und in diese eingekeilt zwei waagerechte Steinplatten, und in diesem Wandschrank entdeckte eins der Kinder den Eisenkeil, der, als wir ihn herauszogen, wie Zunder in der Hand zerbröckelte: es blieb ein härterer Kernstab von der Dicke eines Nagels übrig, den ich – auf Weisung der Kinder – als Andenken in die Manteltasche steckte.

Wir verbrachten fünf Stunden in diesem Dorf, und die Zeit verging schnell, weil nichts geschah: nur ein paar Vögel scheuchten wir hoch, ein Schaf floh vor uns durch eine leere Fensterhöhle den Hang hinauf; in verknöcherten Fuchsienhecken hingen blutige Blüten, an verblüten Ginsterbüschen hing ein Gelb wie von schmutzigen Groschen, blanker Quarz wuchs wie Gebein aus dem Moos heraus; kein Schmutz auf den Straßen, kein Unrat in den Bächen und kein Laut zu hören. Vielleicht warteten wir nur auf das Mädchen mit dem roten Pullover und der Kiepe voll braunen Torfs, aber das Mädchen kam nicht wieder.

Als ich auf dem Heimweg in die Tasche griff, um nach dem Eisenkeil zu sehen, hatte ich nur braunen, rötlich durchmischten Staub in der Hand: er hatte dieselbe Farbe wie das Moor rechts und links von unserm Weg, und ich warf ihn dazu.

Niemand wußte genau zu berichten, wann und warum das Dorf verlassen worden war: es gibt so viele verlassene Häuser in Irland, auf einem beliebigen zweistündigen Spaziergang kann man sie aufzählen: das wurde vor zehn, dieses vor zwanzig, das vor fünfzig oder achtzig Jahren verlassen, und es gibt Häuser, an denen die Nägel, mit denen man die Bretter vor Fenster und Türen genagelt hat, noch nicht durchgerostet sind, Regen und Wind noch nicht eindringen können.

Die alte Frau, die im Haus neben uns wohnte, wußte uns nicht zu sagen, wann das Dorf verlassen worden war: als sie ein kleines Mädchen war, um 1880, war es schon verlassen. Von ihren sechs Kindern sind nur zwei in Irland geblieben: zwei wohnen und arbeiten in Manchester, zwei in den Vereinigten Staaten, eine Tochter ist hier im Dorf verheiratet (sechs Kinder hat diese Tochter, von denen wohl wieder zwei nach England, zwei nach den USA gehen werden), und der älteste Sohn ist bei ihr geblieben: von weitem, wenn er mit dem Vieh von der Weide kommt, sieht er wie ein Sechzehnjähriger aus, wenn er dann um die Hausecke herum in die Dorfstraße einbiegt, meint man, er müsse wohl um die Mitte der Dreißig sein, und wenn er dann am Haus vorbeikommt und scheu ins Fenster hineingrinst, dann sieht man, daß er fünfzig ist.

»Er will nicht heiraten«, sagte seine Mutter, »ist es nicht eine Schande?«

Ja, es ist eine Schande. Er ist so fleißig und sauber, rot hat er das Tor angemalt, rot auch die steinernen Knöpfe auf der Mauer und ganz blau die Fensterrahmen unter dem grünen Moosdach, Witz wohnte in seinen Augen, und zärtlich klopfte er seinem Esel auf den Rücken.

Abends, als wir die Milch holen, fragen wir ihn nach dem verlassenen Dorf. Aber er weiß nichts davon zu erzählen, nichts; er hat es noch nie betreten: sie haben keine Weiden dort, und ihre Torfgruben liegen auch in einer anderen Richtung, südlich, nicht weit entfernt von dem Denkmal des irischen Patrioten, der im Jahre 1799 gehenkt wurde. – »Haben Sie es schon gesehen?« Ja, wir haben es gesehen – und Tony geht wieder davon, als Fünfzigjähriger, verwandelt sich an der Ecke in einen Dreißigjährigen, wird oben am Hang, wo er im Vorbeigehen den Esel krault, zum Sechzehnjährigen, und als er oben für einen Augenblick an der Fuchsienhecke stehenbleibt, für diesen Augenblick, bevor er hinter der Hecke verschwindet, sieht er aus wie der Junge, der er einmal gewesen ist.

6

Ambulanter politischer Zahnarzt

»Sag mir einmal ganz offen«, sagte Padraic nach dem fünften Glas Bier zu mir, »ob du nicht alle Iren für halbverrückt hältst?«

»Nein«, sagte ich, »ich halte nur die Hälfte aller Iren für halbverrückt.«

»Du hättest Diplomat werden sollen«, sagte Padraic und bestellte das sechste Glas Bier, »aber nun sag mir einmal wirklich offen, ob du uns für ein glückliches Volk hältst.«

»Ich glaube«, sagte ich, »daß ihr glücklicher seid, als ihr wißt. Und wenn ihr wüßtet, wie glücklich ihr seid, würdet ihr schon einen Grund finden, unglücklich zu sein. Ihr habt viele Gründe, unglücklich zu sein, aber ihr liebt auch die Poesie des Unglücks – auf dein Wohl.«

Wir tranken, und erst nach dem sechsten Glas Bier fand Padraic den Mut, mich zu fragen, was er mich schon so lange hatte fragen wollen.

»Sag mal«, sagte er leise, »Hitler – war – glaube ich – kein so schlechter Mann, nur ging er – so glaube ich – ein wenig zu weit.«

Meine Frau nickte mir ermutigend zu:

»Los«, sagte sie leise auf deutsch, »nicht müde werden, zieh ihm den Zahn ganz.«

»Ich bin kein Zahnarzt«, sagte ich leise zu meiner Frau, »und ich habe keine Lust mehr, abends in die Bar zu gehen: immer muß ich Zähne ziehen, immer dieselben, ich habe das satt.«

»Es lohnt sich«, sagte meine Frau.

»Hör gut zu, Padraic«, sagte ich freundlich, »wir wissen genau, wie weit Hitler ging, er ging über die Leichen vieler Millionen Juden, Kinder ...«

Padraics Gesicht zuckte schmerzlich. Er hatte das siebte Bier kommen lassen und sagte traurig: »Schade, daß auch du dich von der englischen Propaganda hast betören lassen, schade.«

Ich ließ das Bier unberührt: »Komm«, sagte ich, »laß dir den Zahn ziehen; vielleicht tut's ein bißchen weh, aber es muß sein. Danach erst wirst du ein wirklich netter Kerl sein; laß dein Gebiß berichtigen, ich komme mir sowieso schon wie ein ambulanter Zahnarzt vor.«

»Mach voran«, sagte meine Frau, »red nicht so viel drumherum.«

»Hitler war«, sagte ich, und ich sagte alles; ich war schon geübt, schon ein geschickter Zahnarzt, und wenn einem der Patient sympathisch ist, macht man es noch vorsichtiger, als wenn man aus bloßer Routine, aus nacktem Pflichtgefühl arbeitet. Hitler war, Hitler tat, Hitler sagte ... – immer schmerzlicher zuckte Pads Gesicht, aber ich hatte Whiskey bestellt, ich trank Pad zu, er schluckte, gurgelte ein wenig.

»Hat es sehr weh getan?« fragte ich vorsichtig.

»Ja«, sagte er, »das tut weh, und es wird ein paar Tage dauern, ehe der ganze Eiter raus ist.«

»Vergiß nicht nachzuspülen, und wenn du Schmerzen hast, komm zu mir, du weißt, wo ich wohne.«

»Ich weiß, wo du wohnst«, sagte Pad, »und ich werde bestimmt kommen, denn ich werde bestimmt Schmerzen haben.«

»Trotzdem«, sagte ich, »ist es gut, daß er raus ist.«

Padraic schwieg. »Trinken wir noch einen?« fragte er traurig.

»Ja«, sagte ich, »Hitler war ...«

»Hör auf«, sagte Padraic, »hör bitte auf, der Nerv liegt ganz bloß.«

»Schön«, sagte ich, »dann wird er bald tot sein, trinken wir also noch einen.«

»Bist du denn nie traurig, wenn dir ein Zahn gezogen worden ist?« fragte Padraic müde.

»Im ersten Augenblick ja«, sagte ich, »aber nachher bin ich froh, wenn's nicht mehr eitert.«

»Es ist nur so dumm«, sagte Padraic, »weil ich jetzt gar nicht mehr weiß, warum ich die Deutschen so gern habe.«

»Du mußt sie«, sagte ich leise, »nicht *wegen*, sondern *trotz* Hitler gern haben. Nichts ist peinlicher, als wenn jemand seine Sympathie für dich aus Quellen speist, die dir verdächtig sind; wenn dein Großvater ein Einbrecher war, und du lernst jemand kennen, der dich furchtbar nett findet, *weil* dein Großvater ein Einbrecher war, so ist das peinlich; andere wieder finden dich nett, weil du kein Einbrecher bist, aber du möchtest, daß sie dich nett fänden, auch wenn du ein Einbrecher wärst.«

Das achte Glas Bier kam: Henry hatte es kommen lassen, ein Engländer, der hier jedes Jahr seinen Urlaub verbrachte.

Er setzte sich zu uns und schüttelte resigniert den Kopf: »Ich weiß nicht«, sagte er, »warum ich jedes Jahr wieder nach Irland fahre; ich weiß nicht, wie oft ich es ihnen schon gesagt habe, daß ich weder Pembroke noch Cromwell je gemocht habe noch verwandt mit ihnen bin, daß ich nichts bin als ein Londoner Büroangestellter, der vierzehn Tage Urlaub hat und an die See fahren will: ich weiß nicht, warum ich den weiten Weg von London hierher jedes Jahr mache, um mir erzählen zu lassen, wie nett ich bin, wie schrecklich aber die Engländer sind: es ist so ermüdend. Über Hitler«, sagte Henry ...

»Bitte«, sagte Padraic, »sprich nicht von dem: ich kann den Namen nicht mehr hören. Jetzt jedenfalls nicht, vielleicht später wieder ...«

»Gut«, sagte Henry zu mir, »du scheinst gut gearbeitet zu haben.«

»Man hat so seinen Ehrgeiz«, sagte ich bescheiden, »und ich bin nun mal dran gewöhnt, jeden Abend irgend jemand einen bestimmten Zahn zu ziehen: ich weiß schon genau, wo er sitzt; ich kenne mich allmählich aus in der politischen Dentologie, und ich mache es gründlich und ohne Betäubungsmittel.«

»Weiß Gott«, sagte Padraic, »aber sind wir nicht trotz allem reizende Leute?«

»Das seid ihr«, sagten wir alle drei, wie aus einem Mund: meine Frau, Henry und ich, »ihr seid wirklich reizend, aber ihr wißt es auch ganz genau.«

»Trinken wir noch einen«, sagte Padraic, »als Nachtmütze!«

»Und einen für den Weg!«

»Und einen für die Katz«, sagte ich.

»Und einen für den Hund!«

Wir tranken, und immer noch standen die Uhrzeiger, wie sie schon seit drei Wochen standen: auf halb elf. Und sie würden noch vier Monate lang auf halb elf stehen. Halb elf ist die Polizeistunde für ländliche Kneipen in der Sommerzeit, aber die Touristen, die Fremden liberalisieren die starre Zeit. Wenn der Sommer kommt, suchen die Wirte ihren Schraubenzieher, ein paar Schrauben und fixieren die beiden Zeiger; manche auch kaufen sich Spielzeuguhren mit hölzernen Zeigern, die man festnageln kann. So steht die Zeit still, und Ströme dunklen Biers fließen den ganzen Sommer hindurch, Tag und Nacht, während die Polizisten den Schlaf der Gerechten schlafen.

7

Porträt einer irischen Stadt

Limerick am Morgen

Limericks nennt man bestimmte Gedichte, die fast wie verschlüsselte Witze sind, und von der Stadt Limerick, die diesem Gedichttyp den Namen gegeben, von dieser Stadt hatte ich eine heitere Vorstellung: witzige Schüttelverse, lachende Mädchen, viel Dudelsackmusik, klingende Fröhlichkeit durch alle Straßen hin. Fröhlichkeit begegnete uns schon viel zwischen Dublin und Limerick auf den Landstraßen: Schulkinder jeden Alters trotteten heiter – manche barfuß – durch den Oktoberregen; sie kamen aus Nebenstraßen, man sah sie fern zwischen Hecken über schlammige Pfade herankommen; unzählige, die sich sammelten, wie Tropfen sich zu einem Rinnsal, Rinnsale sich zu Bächen, Bäche sich zu kleinen Flüssen sammeln – und manchmal fuhr das Auto durch sie hindurch wie durch einen Strom, der sich bereitwillig teilte. Für Minuten blieb die Landstraße leer, wenn das Auto gerade einen größeren Ort passiert hatte, und wieder sammelten sich die Tropfen: irische Schulkinder, sich schubsend, sich jagend: abenteuerlich gekleidet oft: bunt und zusammengestückelt, aber sie alle waren, wenn sie nicht heiter waren, mindestens gelassen; so traben sie oft meilenweit durch den Regen hin, durch den Regen zurück, mit Hurlingschlägern in der Hand, die Bücher durch einen Riemen zusammengehalten. Einhundertachtzig Kilometer lang fuhr das Auto durch irische Schulkinder hindurch, und obwohl es regnete, viele von ihnen barfuß waren, die meisten ärmlich gekleidet: fast alle schienen fröhlich zu sein.

Ich empfand es als Blasphemie, als jemand in Deutschland mir einmal sagte: Die Straße gehört dem Motor. In Irland war ich oft versucht zu sagen: Die Straße gehört der Kuh; tatsächlich werden die Kühe so frei zur Weide wie die Kinder zur Schule geschickt: herdenweise nehmen sie die Straße ein, drehen sich hochmütig nach dem hupenden Auto um, und der Autofahrer hat hier Gelegenheit, Humor zu beweisen, Gelassenheit zu üben und seine Geschicklichkeit zu erproben: er fährt vorsichtig bis nahe an die Kuhherde heran, zwängt sich ängstlich in die gnädig gebildete Gasse, und sobald er die vorderste Kuh erreicht, sie überholt hat, darf er Gas geben und sich glücklich preisen, weil er einer Gefahr entronnen ist; und was ist erregender, was ein besseres Stimulans für des Menschen Dankbarkeit als eine eben überstandene Gefahr? So bleibt der irische Autofahrer immer ein Geschöpf, dem Dankbarkeit nicht fremd ist; er muß ständig um sein Leben, sein Recht und um sein Tempo kämpfen: gegen Schulkinder und Kühe; er würde niemals jenen snobistischen Slogan prägen können: Die Straße gehört dem Motor. Wem die Straße gehört, ist in Irland noch lange nicht entschieden – und wie schön sind diese Straßen: Mauern, Mauern, Bäume, Mauern und Hecken: die Steine der irischen Mauern würden ausreichen, den Turm von Babel zu erbauen, aber die irischen Ruinen beweisen, daß es zwecklos wäre, diesen Bau zu beginnen. Jedenfalls gehören diese schönen Straßen nicht dem Motor: sie gehören dem, der sie gerade beansprucht und der dem, der sie frei haben möchte, Gelegenheit gibt, seine Geschicklichkeit zu beweisen. Manche Straßen gehören dem Esel: Esel, die die Schule schwänzen, deren gibt es eine Menge in Irland: sie fressen an Hecken herum, betrachten melancholisch – dem vorbeifahrenden Auto die Hinterseite zukehrend – die Landschaft; jedenfalls gehört die Straße nicht dem Motor.

Viel Gelassenheit, viel Heiterkeit bei Kühen, Eseln und Schulkindern begegnete uns zwischen Dublin und Limerick, dazu noch sich der Limericks zu erinnern, wer sollte sich da Limerick nähern, ohne an eine heitere Stadt zu denken? Waren die Straßen von heiteren Schulkindern, von selbstbewußten Kühen, von nachdenklichen Eseln beherrscht gewesen, plötzlich blieben sie leer: die Kinder schienen die Schule, die Kühe die Weide erreicht zu haben, und die Esel schienen zur Ordnung gerufen zu sein. Finstere Wolken kamen vom Atlantik her – und die Straßen von Limerick waren dunkel und leer: weiß waren nur die Milchflaschen vor den Türen, zu weiß fast, und die Möwen, die das Grau des Himmels zersplitterten, Wolken weißer und fetter Möwen, zersplittertes Weiß, das sich für Augenblicke zu einem größeren weißen Fleck zusammenschloß. Grün schimmerte das Moos an uralten Mauern aus dem achten, aus dem neunten und allen weiteren Jahrhunderten, und die Mauern aus dem zwanzigsten Jahrhundert waren kaum von denen aus dem achten zu unterscheiden: bemoost waren auch sie, Ruinen auch sie. In Fleischerläden schimmerten weißlich-rötliche Rinderhälften, und die nicht schulpflichtigen Limericker Kinder bewiesen dort ihre Originalität: sich an Schweinepfoten, an Ochsenschwänzen festhaltend, schaukelten sie zwischen den Fleischstücken hin und her: grinsende blasse Gesichter. Gute Einfälle haben die irischen Kinder; aber sind sie die einzigen Bewohner dieser Stadt?

Wir ließen das Auto in der Nähe der Kathedrale stehen und schlenderten langsam durch die düsteren Straßen: grau wälzte sich der Shannon unter alten Brücken hindurch: zu groß, zu breit, zu wild dieser Fluß für die kleine düstere Stadt: Einsamkeit überfiel uns, Trauer, Verlassenheit zwischen Moos, alten Mauern und den vielen, so schmerzlich weißen Milchflaschen, die für längst Verstorbene bestimmt zu sein schienen: auch die Kinder, die in unbeleuchteten Fleischerläden an den Rinderhälften schaukelten, schienen Gespenster zu sein. Es gibt ein Mittel gegen die Einsamkeit, die einen plötzlich in einer fremden Stadt überfällt: etwas kaufen: eine Ansichtskarte, einen Kaugummi nur, einen Bleistift oder Zigaretten: etwas in die Hand bekommen, teilnehmen am Leben dieser Stadt, indem man etwas kauft – aber würde es hier in Limerick, an einem Donnerstagmorgen um halb elf, etwas zu kaufen geben? Würden wir nicht plötzlich erwachen und im Regen neben dem Auto irgendwo auf der Landstraße stehen, und Limerick würde wie eine Fata Morgana – eine Fata Morgana des Regens – verschwunden sein? So schmerzlich weiß waren die Milchflaschen – weniger weiß die kreischenden Möwen.

Das alte Limerick verhält sich zum neuen wie die Ile de la Cité zum übrigen Paris, wobei das Verhältnis des alten Limerick zur Ile de la Cité etwa 1:3, das des neuen Limerick zu Paris 1:200 sein mag: Dänen, Normannen, spät erst die Iren haben diese schöne und düstere Shannoninsel besetzt: graue Brücken verbinden sie mit den Ufern, grau wälzt sich der Shannon, und vorne, wo die Brücke aufs Land stößt, hat man einem Stein ein Denkmal oder: einen Stein auf einen Denkmalsockel gesetzt. An diesem Stein wurde den Iren Freiheit der

Religionsausübung geschworen, ein Vertrag geschlossen, der später vom englischen Parlament widerrufen wurde, und so hat Limerick den Beinamen: *Stadt des gebrochenen Vertrages.*

In Dublin hatte uns jemand gesagt: »Limerick ist die frommste Stadt der Welt.« Wir hätten also nur auf den Kalender zu schauen brauchen, um zu wissen, warum die Straßen so verlassen dalagen, die Milchflaschen ungeöffnet waren, die Läden leer: Limerick war in der Kirche; donnerstags morgens gegen elf. Plötzlich, noch bevor wir das Zentrum des modernen Limerick erreicht hatten, öffneten sich die Kirchentüren, füllten sich die Straßen, wurden die Milchflaschen vor den Türen weggenommen. Es war wie eine Eroberung: die Limericker nahmen ihre Stadt ein. Sogar das Postamt wurde geöffnet, und die Bank öffnete ihre Schalter. Beunruhigend normal schien alles, nahe und menschlich, wo es vor fünf Minuten noch schien, als spazierten wir durch eine verlassene mittelalterliche Stadt.

Wir kauften verschiedenes, um uns der Existenz dieser Stadt zu versichern: Zigaretten, Seife, Ansichtskarten und ein Puzzle-Spiel. Wir rauchten die Zigaretten, rochen an der Seife, beschrieben die Ansichtskarten, verpackten das Puzzle-Spiel und gingen fröhlich zum Postamt. Hier freilich gab es eine leichte Stockung: das oberste Postfräulein war noch nicht aus der Kirche zurück, die Untergebene konnte nicht klären, was zu klären war: was kostet eine Drucksache (das Puzzle-Spiel) von 250 Gramm nach Deutschland? Hilfesuchend blickte das Fräulein zum Muttergottesbild, vor dem die Kerze flackerte; aber Maria schwieg, sie lächelte nur, wie sie schon seit vierhundert Jahren lächelt, und das Lächeln hieß: Geduld. Merkwürdige Gewichtsteine kamen zutage, eine merkwürdige Waage, giftgrüne Zollformulare wurden vor uns ausgebreitet, Kataloge geöffnet und geschlossen, aber die einzige Lösung blieb: Geduld. Wir übten sie. Wer schickt schon im Oktober ein Puzzle-Spiel als Drucksache von Limerick nach Germany? Wer weiß nicht, daß das Rosenkranzfest zwar kein ganzer, aber mehr als ein halber Feiertag ist?

Später freilich, als das Puzzle-Spiel längst im Briefkasten lag, sahen wir den Skeptizismus, der in harten und traurigen Augen blühte: Düsternis in blauen Augen leuchtend: in den Augen der Zigeunerin, die Heiligenbilder auf der Straße verkaufte, und in den Augen der Managerin im Hotel, in den Augen des Taxichauffeurs: Dornen um die Rose herum, Pfeile im Herzen der frommsten Stadt der Welt.

Limerick am Abend

Entjungfert, ihres Siegels beraubt waren die Milchflaschen; grau, leer, schmutzig standen sie vor Türen und auf Fensterbänken, warteten traurig auf den Morgen, an dem sie durch ihre frischen, strahlenden Schwestern ersetzt werden würden, und die Möwen waren nicht weiß genug, das engelhafte Strahlen der unschuldigen Milchflaschen zu ersetzen: die Möwen sausten auf dem Shannon dahin, der, zwischen die Mauern gepreßt, hier auf zweihundert Metern sein Tempo beschleunigt; saurer, graugrüner Tang bedeckte die Mauern; es war Ebbe, und es wirkte fast, als habe Alt-Limerick sich auf eine obszöne Weise entblößt, sein Kleid gehoben, Partien gezeigt, die das Wasser sonst bedeckte; auch der Abfall wartete darauf, von der Flut hinweggespült zu werden; spärliches Licht brannte in Wettbüros, Trunkene taumelten durch die Gosse, und die Kinder, die morgens in Metzgerläden an Rinderhälften geschaukelt hatten, bewiesen nun, daß es eine Armutsstufe gibt, der selbst die Sicherheitsnadel zu kostspielig ist: Kordel ist billiger, und sie tut's auch; was vor acht Jahren einmal ein billiger, aber neuer Sakko war, diente jetzt als Mantel, Rock, Hose und Hemd in einem; hochgekrempelt die Erwachsenenärmel, Kordel um den Bauch, und auf der Hand, unschuldig leuchtend wie die Milch, jenes Manna, das es auch im allerletzten Nest in Irland immer frisch und billig gibt: Eiskrem. Murmeln rollen über den Gehsteig; hin und wieder einen Blick ins Wettbüro geworfen, wo Vater gerade einen Teil der Arbeitslosenunterstützung auf *Purpurwolke* setzt. Immer tiefer senkt sich die wohltätige Dunkelheit, während die Murmeln gegen die ausgetretene Treppe knallen, die zum Wettbüro hinaufführt. Geht Vater noch zum nächsten Wettbüro, um auf *Nachtfalter* zu setzen, zum dritten, um auf *Inishfree* zu setzen? Wettbüros gibt es genug, hier in Alt-Limerick. Die Murmeln rollen gegen die Stufe, schneeweiße Tropfen Eiskrem fallen in die Gosse, wo sie einen Augenblick wie Sterne auf dem Schlamm ruhen, einen Augenblick nur, bevor ihre Unschuld im Schlamm dahinschmilzt.

Nein, Vater geht nicht in ein anderes Wettbüro, nur noch in die Kneipe; auch gegen die ausgetretene Treppe der Kneipe lassen sich die Murmeln knallen; ob Vater noch Geld für ein Eis gibt? Er gibt. Auch für Jonny eins, und für Paddy, für Sheila und Moira, für Mutter und Aunty, vielleicht gar für Oma? Natürlich gibt er, solange das Geld reicht. Wird *Purpurwolke* nicht gewinnen? Natürlich wird sie. Sie *muß* gewinnen, verflucht, wenn sie nicht gewinnt, dann – »Vorsicht, John, knall doch das Glas nicht so heftig auf die Theke.

Magst du noch einen?« Ja. *Purpurwolke muß* gewinnen.

Und wenn man keine Kordel mehr hat, dann tun's auch die Finger, magere schmutzige, klamme Kinderfinger der linken Hand, während die rechte Murmeln schiebt, wirft oder rollt. »Ach, Ned, laß mich doch wenigstens mal lecken«, und plötzlich im Abenddunkel der helle Ruf einer Mädchenstimme:

»Heute abend ist doch Andacht, geht ihr nicht?«

Grinsen, Zögern, Kopfschütteln.

»Ja, wir gehen mit.« –

»Ich nicht.« –

»Komm.« –

»Nein.« –

»Ach. Ja.« –

»Nein.«

Murmeln knallen gegen die ausgetretenen Stufen der Kneipe.

Mein Begleiter zitterte; er unterlag dem bittersten und dümmsten aller Vorurteile: daß Menschen, die schlecht gekleidet sind, gefährlich seien, gefährlicher jedenfalls als die Gutgekleideten. Er sollte in der Bar des Shelbourne-Hotels in Dublin mindestens so zittern wie hier, hinter King John's Castle in Limerick. Ach, wären sie doch gefährlicher, diese Zerlumpten, wären sie doch so gefährlich wie die, die in der Bar des Shelbourne-Hotels so ungefährlich aussehen. Eben stürzt die Wirtin eines Speiselokals hinter einem Jungen her, der sich für zwanzig Pfennig Kartoffelchips gekauft und ihrer Meinung nach sich zuviel Essig aus der Flasche, die er vom Tisch nahm, daraufgekippt hat.

»Du Hund, willst du mich ruinieren?«

Wird er ihr die Chips ins Gesicht schmeißen? Nein – er findet keine Antwort, nur sein keuchender Kinderbrustkorb antwortet: Pfeifentöne, die ziehend aus der schwachen Orgel seiner Lunge kommen. Schrieb Swift nicht vor mehr als zweihundert Jahren, 1729, seine bitterste Satire, den ›Bescheidenen Vorschlag, zu verhüten, daß die Kinder armer Iren ihren Eltern oder dem Lande zur Last fallen‹?, in der er der Regierung nahelegte, die geschätzte Zahl jährlicher 120 000 Neugeborener den reichen Engländern ... als *Speise anzubieten* –; genaue, grausame Beschreibung eines Projektes, das vielerlei Zwecken dienen sollte, unter anderem der Verminderung der Zahl der Papisten.

Noch ist der Streit um die sechs Tropfen Essig nicht beendet, drohend die Hand der Wirtin erhoben, ziehende Pfeifentöne kommen aus der Brust des Jungen. Gleichgültige schleichen vorüber, Trunkene torkeln, Kinder mit Gebetbüchern laufen, um pünktlich in die Abendandacht zu kommen. Aber der Retter nahte schon: groß war er, dick, schwammig, seine Nase hatte wohl geblutet, dunkle Flecken bedeckten sein Gesicht um Mund und Nase herum; auch er war schon von der Sicherheitsnadel auf die Kordel gekommen: für seine Schuhe hatte es nicht mehr gelangt, sie klafften. Er nahte sich der Wirtin, verbeugte sich vor ihr, deutete einen Handkuß an, zog einen Zehnschillingschein aus der Tasche, überreichte ihn – erschrocken nahm sie ihn – und er sagte höflich:

»Darf ich Sie bitten, gnädige Frau, diese zehn Schilling als Bezahlung für sechs Tropfen Essig als angemessen zu betrachten?«

Schweigen in der Dunkelheit hinter King John's Castle, dann der Blutbefleckte plötzlich mit leiserer Stimme:

»Darf ich Sie außerdem darauf aufmerksam machen, daß es Zeit ist für die Abendandacht? Richten Sie bitte dem Pfarrer meine respektvollen Grüße aus.«

Er schwankte weiter, erschrocken lief der Junge davon, und die Wirtin war allein. Plötzlich rannen ihr Tränen übers Gesicht, und sie lief schreiend ins Haus zurück, ihre Schreie waren noch zu hören, als die Tür hinter ihr schon geschlossen war.

Noch hatte der Ozean das wohltätige Wasser nicht steigen lassen, nackt und schmutzig waren die Mauern noch, und die Möwen nicht weiß genug. King John's Castle hob sich düster aus der Dunkelheit, eine Sehenswürdigkeit, in die Mietskasernen aus den zwanziger Jahren hineinragten, und die Mietskasernen aus dem zwanzigsten Jahrhundert sahen verfallener aus als King John's Castle aus dem dreizehnten; das trübe Licht aus schwachen Glühbirnen kam nicht gegen den massiven Schatten der Burg an, saure Dunkelheit überflutete alles.

Zehn Schilling für sechs Tropfen Essig! Wer Poesie, anstatt sie zu machen, lebt, der zahlt zehntausend Prozent Zinsen. Wo war er, der dunkle, blutbefleckte Betrunkene, dessen Kordel zwar für die Jacke, nicht mehr aber für die Schuhe gereicht hatte? Hatte er sich in den Shannon gestürzt, in den gurgelnden grauen Engpaß zwischen den beiden Brücken, den die Möwen als kostenlose Rutschbahn benutzten? Im Dunkeln noch kreisten sie, senkten sich auf die graue Flut, von Brücke bis Brücke, flogen auf, um das Spiel zu wiederholen; endlos; unersättlich.

Gesang strömte aus Kirchen, Vorbeterstimmen, Taxis brachten Gäste vom Shannon-Airport an, grüne Omnibusse schaukelten durch die graue Dunkelheit, schwarzes, bitteres Bier floß hinter verhangenen Kneipenfenstern. *Purpurwolke muß* gewinnen.

Purpurn leuchtete das große Herz Jesu in der Kirche, in der die Abendandacht schon vorüber war; Kerzen brannten, Nachzügler beteten, Weihrauch und Kerzenhitze, Stille, in der nur die schlurfenden Schritte des Küsters zu hören waren, der Vorhänge vor Beicht- stühlen zurechtzog, Opferstöcke leerte. Purpurn leuchtete das Herz Jesu.

Wie hoch ist der Fahrpreis für diese fünfzig, sechzig, siebzig Jahre vom Dock, das Geburt heißt, bis zu der Stelle im Ozean, wo der Schiffbruch erfolgt?

Saubere Parks, saubere Denkmäler, schwarze, stren- ge, korrekte Straßen; hier irgendwo wurde Lola Mon- tez geboren. Trümmer aus der Zeit des Aufstandes, noch nicht zu Ruinen geworden, vernagelte Häuser, hinter deren schwarzen Brettern die Ratten rumorten, aufgeknackte Magazine, deren Abbruch man der Zeit überläßt, grüngrauer Schlamm an entblößten Mauern, und das schwarze Bier fließt aufs Wohl von *Purpur- wolke*, die nicht siegen wird. Straßen, Straßen, für Au- genblicke von denen überschwemmt, die aus der Abendandacht kommen, Straßen, in denen die Häuser immer kleiner zu werden scheinen; Gefängnismauern, Klostermauern, Kirchenmauern, Kasernenmauern; ein Leutnant, der vom Dienst kommt, stellt sein Fahrrad vor die Tür seines winzigen Häuschens und stolpert an der Schwelle über seine Kinder.

Weihrauch wieder, Kerzenhitze, Stille, Beter, die sich nicht vom purpurnen Herzen Jesu trennen können, lei- se vom Küster gemahnt werden, doch nach Hause zu gehen. Kopfschütteln. »Aber –«, viel geflüsterte Argu- mente des Küsters. Kopfschütteln. Festgeklebt auf der Kniebank. Wer will die Gebete zählen, wer die Flüche, und wer hat den Geigerzähler, der die Hoffnungen re- gistrieren würde, die an diesem Abend sich auf *Purpur- wolke* konzentrieren? Vier schlanke Pferdefesseln, auf ihnen ruht eine Hypothek, die niemand wird einlösen können. Und wenn *Purpurwolke* nicht siegt, muß der

Kummer mit ebensoviel dunklem Bier ausgelöscht werden, wie nötig war, um die Hoffnung zu nähren. Murmeln knallen noch immer gegen die ausgetretenen Stufen der Kneipe, gegen die ausgetretenen Stufen von Kirchen und Wettbüros.

Spät erst entdeckte ich die letzte unschuldige Milchflasche, die noch so jungfräulich war wie der Morgen; sie stand in der Tür eines winzigen Häuschens, dessen Läden verschlossen waren. Nebenan in der Tür eine ältliche Frau, grauhaarig, schlampig, weiß war nur die Zigarette in ihrem Gesicht. Ich blieb stehen.

»Wo ist er?« fragte ich leise.

»Wer?«

»Der, dem die Milch gehört. Schläft er noch?«

»Nein«, sagte sie leise, »er ist heute ausgewandert.«

»Und hat die Milch stehenlassen?«

»Ja.«

»Und das Licht brennen lassen?«

»Brennt es noch?«

»Sehen Sie denn nicht?«

Ich beugte mich vor, nahe an den gelben Spalt in der Tür, und blickte nach drinnen, wo in einer winzigen Diele noch ein Handtuch an einer Tür hing und ein Hut an der Garderobe, wo ein schmutziger Teller mit Kartoffelresten auf dem Boden stand.

»Tatsächlich, er hat's Licht brennen lassen, aber wenn schon: nach Australien werden die ihm die Rechnung ja nicht nachschicken.«

»Nach Australien?«

»Ja.«

»Und die Milchrechnung?«

»Hat er auch nicht bezahlt.«

Schon schmolz das Weiß der Zigarette auf ihre dunklen Lippen zu, und sie schlurfte in ihre Haustür zurück. »Na ja«, sagte sie, »das Licht hätte er ja ausmachen können.«

Limerick schlief, unter tausend Rosenkränzen, unter Flüchen, schwamm in dunklem Bier dahin; von einer einzigen schneeweißen Milchflasche bewacht, träumte es von *Purpurwolke* und dem purpurnen Herzen Jesu.

8

Als Gott die Zeit machte ...

Daß der Gottesdienst erst beginnen kann, wenn der Pfarrer erscheint, ist einleuchtend; daß aber das Kino erst beginnt, wenn alle Priester, die ansässigen wie die Urlauber, vollzählig versammelt sind, ist für den Fremden, der an kontinentale Gebräuche gewöhnt ist, eine Überraschung. Es bleibt ihm die Hoffnung, daß der Pfarrer und seine Freunde ihr Abendessen, ihren Nachtischschwatz bald beendet haben; daß sie sich nicht allzusehr in Erinnerungen vertiefen: Die Skala der Weißt-du-noch-Gespräche ist unerschöpflich; Lateinlehrer, Mathematiklehrer, und erst der Geschichtslehrer!

Der Kinobeginn ist auf 21 Uhr angesetzt, doch wenn irgend etwas unverbindlich ist, dann diese Uhrzeit. Selbst unsere vagste Verabredungsformel, wenn wir *so gegen 9* sagen, hat dagegen den Charakter äußerster Präzision, denn unser *So gegen 9* ist um halb zehn zu Ende, dann fängt *So gegen 10* an; dieses *21 Uhr* hier, die nackte Deutlichkeit, mit der es auf dem Plakat steht, ist die reine Hochstapelei.

Seltsam genug, daß sich niemand über die Verspätung ärgert, nicht im geringsten. »Als Gott die Zeit machte«, sagen die Iren, »hat er genug davon gemacht.« Zweifellos ist dieses Wort so zutreffend wie des Nachdenkens wert: stellt man sich die Zeit als einen Stoff vor, der uns zur Verfügung steht, um unsere Angelegenheiten dieser Erde zu erledigen, so steht uns zweifellos genug davon zur Verfügung, denn immer ist »Zeit gelassen«. Wer keine Zeit hat, ist ein Ungeheuer, eine Mißgeburt: er stiehlt irgendwo Zeit, unterschlägt sie. (Wieviel Zeit mußte verschlissen, wieviel gestohlen werden, um die zu Unrecht berühmte militärische Pünktlichkeit so sprichwörtlich zu machen: Milliarden gestohlener Stunden Zeit sind der Preis für diese aufwendige Art der Pünktlichkeit, und erst die neuzeitlichen Mißgeburten, die keine Zeit haben! Sie kommen mir immer vor wie Leute, die zuwenig Haut haben ...)

Zeit zum Nachdenken bleibt genug, denn es ist längst halb zehn, vielleicht sind die Pfarrer jetzt beim Biologielehrer angelangt, immerhin also bei einem Nebenfach, das könnte die Hoffnung beflügeln. Aber selbst für die, die den Aufschub nicht nutzen, um nachzudenken, selbst für sie ist gesorgt: großzügig werden Schallplatten abgespielt, Schokolade, Eis, Zigaretten zum Verkauf angeboten, denn hier – welch eine Wohltat – darf man im Kino rauchen. Es würde wohl einen Aufstand geben, würde man das Rauchen im Kino verbieten, denn die Leidenschaft des Kinogehens ist bei den Iren mit der des Rauchens gekoppelt.

Die rötlich erleuchteten Muscheln an den Wänden geben nur schwaches Licht, und im Halbdunkel des Saales herrscht eine Munterkeit wie auf einem Jahrmarkt: Gespräche werden über vier Sitzreihen hinweg geführt, Witze über acht Reihen hin gebrüllt; vorne auf den billigen Plätzen vollführen die Kinder einen heiteren Lärm, wie man ihn nur aus Schulpausen kennt; Pralinen werden angeboten, Zigarettenmarken ausgetauscht, irgendwo im Dunkel ertönt das verheißungsvolle Knirschen, mit dem ein Propfen aus einer Whiskeyflasche gezogen wird; das Make-up wird erneuert, Parfüm verspritzt; jemand fängt an zu singen, und für den, der all diesen menschlichen Lauten, Bewegungen, Tätigkeiten nicht zugestehen will, daß sie der Mühe wert sind, die vergehende Zeit zu beanspruchen, für den bleibt die Zeit zum Nachdenken: Als Gott die Zeit machte, hat er genug davon gemacht. Zweifellos, beim Gebrauch der Zeit herrschen sowohl Verschwendung wie Ökonomie, und paradoxerweise sind die Zeitverschwender auch die Sparsamen, denn sie haben immer Zeit, wenn man ihre Zeit beansprucht: um schnell jemand zum Bahnhof oder ins Krankenhaus zu bringen; so wie man Geldverschwender immer um Geld angehen kann, sind die Zeitverschwender die Sparkassen, in denen Gott seine Zeit verbirgt und in Reserve hält, für den Fall, daß plötzlich welche gebraucht wird, die einer von den Zeitknappen an der falschen Stelle ausgegeben hat.

Immerhin: wir sind ins Kino gegangen, um Anne Blyth zu sehen, nicht, um nachzudenken, wenn auch das Nachdenken überraschend leichtfällt und wohltuend ist auf diesem Rummelplatz der Sorglosigkeit, wo Moorbauern, Torfstecher und Fischer im Dunkel den verheißungsvoll lächelnden Damen, die tagsüber mit Straßenkreuzern durch die Gegend fahren, Zigaretten anbieten, Schokolade entgegennehmen, wo der pensionierte Oberst sich mit dem Briefträger über die Vorzüge und Nachteile der Inder unterhält. Hier ist die klassenlose Gesellschaft Realität. Schade nur, daß die Luft so schlecht wird: Parfüm, Lippenstift, Zigaretten, der bittere Torfgeruch aus den Kleidern, und auch die Schallplattenmusik scheint zu riechen: sie dünstet nach der rauhen Erotik der dreißiger Jahre, und die Sitze, wunderbar mit rotem Samt gepolstert – wenn man Glück hat, erwischt man einen, dessen Feder noch nicht gebrochen ist –, diese Sitze, die wahrscheinlich im Jahre 1880 in Dublin als schick gepriesen wurden (Sullivans Opern und Spiele haben sie gewiß gesehen, vielleicht auch Yeats, Synge und O'Casey, den früheren Shaw), diese Sitze riechen so, wie alter Samt riecht, der sich gegen die Rauheit des Staubsaugers, die Wildheit der Bürste sträubt – und der Kinosaal ist ein unfertiger Neubau, noch ohne Lüftung und Ventilation.

Nun, die plaudernden Pfarrer und Kapläne scheinen doch noch nicht beim Biologielehrer angekommen zu sein, oder sollten sie beim Hausmeister sein (ein unerschöpfliches Thema), bei den ersten heimlich gerauchten Zigaretten? Wem die Luft zu schlecht wird, der kann rausgehen, sich für ein paar Minuten an die Kinomauer lehnen: ein heller, milder Abend draußen: noch ist das Licht des Leuchtturms auf Clare Island, 18 Kilometer weit entfernt, nicht zu sehen: der Blick fällt über die ruhige See vierzig, fünfzig Kilometer weit, über den Rand der Clew-Bai bis in die Berge Connemaras und Galways – und wer nach rechts blickt, westwärts, der blickt bis Achill Head, auf die letzten zwei Kilometer Europas, die noch zwischen ihm und Amerika liegen: wild und wie für den Hexensabbat geschaffen, mit Moor und Heide bedeckt, ragt der Croghaun auf, der westlichste der europäischen Berge, zur Seeseite hin 700 Meter steil abfallend; vorne auf seinem Hang im dunklen Moorgrün ein helles kultiviertes Viereck mit einem großen, grauen Haus: hier wohnte Captain Boycot, an dem die Bevölkerung das Boykottieren erfand: hier wurde der Welt eine neue Vokabel geschenkt; einige hundert Meter oberhalb dieses Hauses die Überreste eines abgestürzten Flugzeuges: amerikanische Flieger hatten, um den Bruchteil einer Sekunde zu früh, geglaubt, den freien Ozean vor sich zu haben, die glatte Fläche, die noch zwischen ihnen und der Heimat lag: Europas letzte Klippe wurde ihnen zum Verhängnis, der letzte Zacken dieses Erdteils, den Faulkner in seiner ›Legende‹ »jene winzige Eiterstelle, die den Namen Europa trägt«, nennt ...

Bläue zieht sich über die See, in verschiedenen Schichten, verschiedenen Schattierungen, eingehüllt in diese Bläue Inseln, grüne, die wie große Moosplacken wirken, schwarze, zackige, die wie Zahnstümpfe aus dem Meer ragen ...

Endlich (oder leider – ich weiß nicht) haben die Priester den Austausch ihrer Schulerinnerungen beendet oder abgebrochen, auch sie kommen, um sich die Herrlichkeit anzusehen, die das Plakat verspricht: Anne Blyth. Die rötlichen Muscheln erlöschen, der Schulpausenlärm auf den billigen Plätzen verstummt, diese ganze klassenlose Gesellschaft versinkt in schweigende Erwartung, während süß, bunt und breitwandig der Film beginnt. Hin und wieder fängt eins der vier- oder dreijährigen Kinder an zu schreien, wenn die Pistolen allzu realistisch knallen, das Blut, zu echt nachgemacht, von der Stirn des Helden fließt oder gar dunkelrote Tropfen auf dem Hals der Schönen sichtbar werden: Oh, muß denn dieser süße Hals durchbohrt werden? Er wird nicht endgültig durchbohrt, nur keine Bange, schnell dem schreienden Kind ein Stück

Schokolade in den Mund geschoben: da schmelzen Schmerz und Schokolade im Dunkeln dahin. Am Ende des Films hat man jenes Gefühl, das man seit der Kindheit nicht mehr kannte: als habe man zuviel Schokolade gegessen, zuviel Süßigkeiten genascht: oh, dieses schmerzlich kostbare Sodbrennen zu intensiv genossener Verbotenheit! Nach soviel Süße eine pfeffrige Voranzeige: Schwarzweiß, Spielhölle – harte magere Weiber, häßliche, kühne Helden, wieder die unvermeidlichen Pistolenschüsse, wieder Schokolade in den Mund der Dreijährigen geschoben. Ein großzügig gestaltetes Programm: drei Stunden dauert es, und, auch hier, als die rötlichen Muscheln wieder zu leuchten beginnen, die Türen geöffnet werden: auf den Gesichtern, was nach jedem Kinoschluß auf den Gesichtern zu sehen ist: eine leichte, durch Lächeln übermalte Verlegenheit: man schämt sich ein wenig des Gefühls, das man, ohne es zu wollen, investiert hat. Die Modeheft-Schönheit steigt in ihren Straßenkreuzer, riesige blutrote Rücklichter, glimmend wie Torfstücke, entfernen sich zum Hotel hin – der Torfstecher trottet müde auf seine Kate zu; schweigende Erwachsene, während die Kinder zwitschernd, lachend, weit in die Nacht verstreut sich entfernend, sich den Inhalt des Films noch einmal erzählen.

Mitternacht ist vorüber, längst leuchtet das Leuchtfeuer von Clare Island herüber, die blauen Silhouetten der Berge sind tiefschwarz, einzelne, gelbe Lichter ferne im Moor: dort wartet die Oma, die Mutter, der Mann oder die Frau, um erzählt zu bekommen, was sie an einem der nächsten Tage sehen wird, und bis zwei, bis drei Uhr morgens wird man noch am Kaminfeuer sitzen, denn – als Gott die Zeit machte, hat er genug davon gemacht.

Esel schreien in der warmen Sommernacht, geben ihren abstrakten Gesang weiter, dieses verrückte Geräusch wie von schlecht geölten Türangeln, von rostigen Pumpen – unverständliche Signale, großartig und zu abstrakt, um glaubhaft zu wirken, unendlichen Schmerz drücken sie aus und doch Gelassenheit. Radfahrer rauschen wie Fledermäuse auf unbeleuchteten Draheseln vorüber, bis endlich nur noch der ruhige, friedliche Trott der Fußgänger die Nacht erfüllt.

9

Betrachtungen über den irischen Regen

Der Regen ist hier absolut, großartig und erschreckend. Diesen Regen schlechtes Wetter zu nennen, ist so unangemessen, wie es unangemessen ist, den brennenden Sonnenschein schönes Wetter zu nennen.

Man kann diesen Regen schlechtes Wetter nennen, aber er ist es nicht. Er ist einfach Wetter, und Wetter ist Unwetter. Nachdrücklich erinnert er daran, daß sein Element das Wasser ist, fallendes Wasser. Und Wasser ist hart. Im Krieg war ich einmal Zeuge, wie ein brennendes Flugzeug an der Atlantikküste niederging; der Pilot setzte es auf den Strand, flüchtete sich aus der Nähe der explodierenden Maschine. Später fragte ich ihn, warum er das brennende Flugzeug nicht ins Wasser gesetzt habe, und er gab mir zur Antwort:

»Weil Wasser härter ist als Sand.«

Ich habe ihm nie geglaubt, hier aber begriff ich es: Wasser ist hart.

Und wieviel Wasser sammelt sich über viertausend Kilometern Ozean, Wasser, das sich freut, endlich Menschen, endlich Häuser, endlich festes Land erreicht zu haben, nachdem es so lange nur ins Wasser, nur in sich selbst fiel. Kann es dem Regen schließlich Spaß machen, nur immer ins Wasser zu fallen?

Wenn das elektrische Licht ausgeht, wenn die erste Zunge einer Pfütze zur Tür hereinschlängelt, lautlos und glatt, glitzernd im Schein des Kaminfeuers; wenn das Spielzeug, das die Kinder natürlich haben liegenlassen, wenn Korken und Holzstücke plötzlich zu schwimmen beginnen und von der Zunge nach vorne getragen werden, wenn dann die Kinder erschrocken die Treppe herunterkommen, sich vors Kaminfeuer hocken (mehr erstaunt als erschrocken, denn auch sie spüren, mit welcher Lust sich Wind und Regen treffen, daß dieses Geheul Freudengeheul ist), dann weiß man, daß man der Arche nicht so würdig gewesen wäre, wie Noah ihrer würdig war ...

Binnenländertorheit, die Tür zu öffnen, um zu sehen, was draußen los sei. Alles ist los: die Dachpfannen, die Dachrinne, nicht einmal das Mauerwerk ist sehr vertrauenerweckend (denn hier baut man provisorisch, wohnt aber dann, wenn man nicht auswandert, eine Ewigkeit in solchen Provisorien – bei uns aber baut man immer für die Ewigkeit und weiß nicht, ob die nächste Generation noch Nutzen von so viel Solidität haben wird).

Gut ist es, immer Kerzen, die Bibel und ein wenig Whiskey im Hause zu haben, wie Seeleute, die auf Sturm gefaßt sind; dazu ein Kartenspiel, Tabak, Stricknadeln und Wolle für die Frauen, denn der Sturm hat viel Atem, der Regen hat viel Wasser, und die Nacht ist lang. Wenn dann vom Fenster her eine zweite Regenzunge vorstößt, die sich mit der ersten vereint, wenn das Spielzeug über die schmale Zunge langsam in die Nähe des Fensters schwimmt, dann ist es gut, in der Bibel nachzuschlagen, ob das Versprechen, keine Sintflut mehr zu schicken, wirklich gegeben worden ist. Es ist gegeben worden: man kann die nächste Kerze anzünden, die nächste Zigarette, kann die Karten wieder mischen, neuen Whiskey einschenken, sich dem Trommeln des Regens, dem Heulen des Windes, dem Klappern der Stricknadeln überlassen. Das Versprechen ist gegeben.

Spät erst hörten wir das Pochen an der Tür – erst hatten wir es für das Schlagen eines losen Riegels gehalten, dann für das Rappeln des Sturms, dann erkannten wir, daß es Menschenhände waren, und wie töricht die kontinentale Mentalität ist, läßt sich daran erkennen, daß ich die Vermutung aussprach, es könnte der Mann vom Elektrizitätswerk sein. Fast so töricht, diese Vermutung, wie auf hoher See den Gerichtsvollzieher zu erwarten.

Schnell die Tür geöffnet, einen durchnäßten Zeitgenossen hereingezogen, die Tür geschlossen, und da stand er: mit durchgeweichtem Pappkoffer, Wasser lief ihm aus Ärmeln, Schuhen, vom Hut herab, fast schien es, als liefe Wasser ihm auch aus den Augen: so sehen Schwimmer aus, die an einem Wettbewerb für Rettungsschwimmen in voller Bekleidung teilgenommen haben; aber diesem hier war solcher Ehrgeiz fremd: er war nur von der Bushaltestelle gekommen, fünfzig Schritte durch diesen Regen, hatte unser Haus für sein Hotel gehalten und war seines Zeichens Schreiber in einem Anwaltsbüro in Dublin.

»Der Bus fährt also bei diesem Wetter?«

»Ja«, sagte er, »er fährt, hatte nur wenig Verspätung. Aber es war mehr Schwimmen als Fahren ... und dies hier ist wirklich kein Hotel?«

»Nein, aber ...«

Er – Dermot hieß er – erwies sich, als er trocken war, als guter Bibelkenner, guter Kartenspieler, guter Geschichtenerzähler, guter Whiskeytrinker: auch zeigte er uns, wie man das Teewasser auf einem Dreifuß im Kaminfeuer rasch zum Kochen bringt, wie man Hammelkoteletts auf dem gleichen, uralten Dreifuß gar bekommen kann, wie man Toast röstet an langen Gabeln, deren Zweck wir noch nicht herausgefunden hatten – und früh am Morgen erst bekannte er, daß er auch ein wenig Deutsch könne: er war in Gefangenschaft gewesen in Deutschland, und er erzählte unseren Kindern, was sie nie vergessen werden und nie vergessen sollen: wie er die kleinen Zigeunerkinder begrub, die bei der Evakuierung des KZ Stutthof gestorben waren; so klein waren sie – er zeigte es –, und er hatte Gräber in den hartgefrorenen Boden gegraben, um sie zu beerdigen.

»Aber warum mußten die sterben?« fragte eins der Kinder.

»Weil sie Zigeuner waren.«

»Aber das ist doch kein Grund – deshalb braucht man nicht zu sterben.«

»Nein«, sagte Dermot, »das ist kein Grund, deshalb braucht man nicht zu sterben.«

Wir standen auf; es war hell geworden, und im gleichen Augenblick war es ruhig draußen. Wind und Regen hatten sich entfernt, die Sonne kam über den Horizont, und ein großer Regenbogen stand über der See, so nah war er, daß wir ihn in Substanz zu sehen glaubten; so dünn, wie Seifenblasen sind, war die Haut des Regenbogens.

Immer noch schaukelten Korken und Holzstücke auf der Pfütze, als wir die Treppe hinauf in die Schlafzimmer gingen.

10

Die schönsten Füße der Welt

Um sich abzulenken, hat die junge Arztfrau angefangen zu stricken, aber bald schon hat sie Nadel und Wollknäuel in die Sofaecke geworfen; dann hat sie ein Buch aufgeschlagen, wenige Zeilen gelesen, das Buch wieder zugeklappt; sie hat sich einen Whiskey eingeschenkt, nachdenklich das Glas in kleinen Schlucken geleert, ein anderes Buch aufgeschlagen, auch dieses wieder zugeschlagen; sie hat Seufzer ausgestoßen, zum Telefonhörer gegriffen, ihn wieder aufgelegt: wen sollte sie schon anrufen?

Dann murmelte eins ihrer Kinder im Schlaf, die junge Frau ging leise durch den Flur ins Kinderschlafzimmer, deckte die Kinder noch einmal zu, zog Laken und Decken glatt an vier Kinderbetten. Im Flur blieb sie vor der großen Landkarte stehen, die, vor Alter gelb, mit geheimnisvollen Zeichen bedeckt, fast aussieht wie eine Vergrößerung der Karte der ›Schatzinsel‹: ringsum Meer, dunkelbraun wie Mahagoni sind die Berge, hellbraun die Täler eingezeichnet, schwarz die Straßen und

Wege, grün die kleinen kultivierten Flächen um die winzigen Dörfer herum, und überall sticht die blaue Zunge der See in Buchten weit in die Insel vor; kleine Kreuze: Kirchen, Kapellen, Friedhöfe; kleine Häfen, Leuchttürme, Klippen – langsam schiebt sich der Zeigefinger der Frau mit dem silbern lackierten Nagel die Straße entlang, auf der ihr Mann vor zwei Stunden davonfuhr: ein Dorf, zwei Meilen Moor, ein Dorf, drei Meilen Moor, eine Kirche – die junge Frau bekreuzigt sich, als führe sie wirklich an der Kirche vorüber –, fünf Meilen Moor, ein Dorf, zwei Meilen Moor, eine Kirche – ein Kreuzzeichen; die Tankstelle, Teddy O'Malleys Bar, Becketts Laden, drei Meilen Moor – langsam schiebt sich der silbern lackierte Fingernagel wie ein glitzerndes Automodell auf der Landkarte vor, bis er den Sund erreicht, wo die kräftig schwarze Linie der Landstraße über die Brücke zum Festland schwenkt, der Weg aber, den ihr Mann nehmen mußte, nur noch als dünner, schwarzer Strich hart an der Inselkante vorbeigeht, stellenweise mit der Kante zusammenfällt. Dunkelbraun ist hier die Karte, die Küstenlinie ausgezackt und unregelmäßig wie das Kardiogramm eines sehr unruhigen Herzens, und jemand hat mit Kugelschreiber in die blaue Meerfarbe geschrieben: *200 Fuß – 380 Fuß – 300 Fuß*, und jede dieser Zahlen ist mit einem Pfeil versehen, der verdeutlicht, daß diese Angaben nicht der Meerestiefe gelten, sondern dem Gefälle der Küste, die an diesen Stellen mit dem Weg zusammenfällt. Immer wieder stockt der silbern lackierte Zeigefingernagel, denn die junge Frau kennt jeden Schritt dieses Weges: oft hat sie ihren Mann begleitet, wenn er Krankenbesuche machte in dem einzigen Haus, das dort an dem sechs Meilen langen Küstenstreifen liegt. Touristen genießen diese Fahrt an sonnigen Tagen mit leichtem Schauder, da sie auf einige Kilometer vom Auto aus senkrecht auf die weiß züngelnde See blicken; eine kleine Unachtsamkeit nur, und das Auto erleidet Schiffbruch an diesen Klippen dort unten, wo manches Schiff schon zerschellt ist. Naß ist der Weg, mit Geröll übersät, mit Schafdung bedeckt an den Stellen, wo sich die alten Trampelpfade der Schafe mit dem Weg kreuzen – plötzlich stockt der Zeigefingernagel: hier fällt der Weg in eine kleine Bucht hinein steil ab, steigt wieder an: die See brüllt in eine cañonartige Schlucht hinein; Millionen Jahre alt ist diese Wut, die sich schon tief unter den Felsen gefressen hat – wieder stockt der Zeigefinger: hier lag ein kleiner Friedhof für ungetaufte Kinder; ein einziges Grab ist noch zu sehen, mit Quarzbrocken eingefaßt: die anderen Gebeine hat die See abgeholt – über eine alte Brücke, die kein Geländer mehr hat, schiebt sich nun vorsichtig das Auto, dreht, und im Scheinwerferlicht sind die winkenden Arme wartender Frauen zu sehen: in dieser äußersten Ecke wohnt Aedan McNamara, dessen Frau diese Nacht ein Kind erwartet.

Die junge Arztfrau fröstelt, schüttelt den Kopf, geht langsam ins Wohnzimmer zurück, häuft neuen Torf auf, stochert in der Glut, bis die Flammen hochlecken; die Frau greift zum Strickknäuel, wirft es in die Sofaecke zurück, steht auf, geht zum Spiegel, bleibt eine halbe Minute nachdenklich mit gesenktem Kopf stehen, wirft den Kopf plötzlich hoch und blickt sich ins Gesicht: ihr Kindergesicht wirkt mit dem scharfen Make-up noch kindlicher, fast wie das einer Puppe, aber die Puppe hat selbst vier Kinder. Dublin ist so weit – Grafton Street – O'Connell Bridge – die Kais; Kinos und Bälle – Abbey Theatre – werktags morgens um 11 Uhr die Messe in St. Theresa Church, zu der man pünktlich kommen muß, um noch Platz zu finden – seufzend geht die junge Frau zum Kamin zurück. Muß Aedan McNamaras Frau ausgerechnet immer nachts ihre Kinder kriegen und immer im September? Aber Aedan McNamara arbeitet von März bis Dezember in England, kommt um Weihnachten erst nach Hause, für drei Monate, um seinen Torf zu stechen, das Haus neu zu streichen, das Dach zu reparieren, heimlich an diesem zerklüfteten Küstenstreifen ein wenig auf Lachsfang zu gehen, nach Strandgut zu suchen – und um das nächste Kind zu zeugen: so kommen Aedan McNamaras Kinder immer im September, um den 23. herum: neun Monate nach Weihnachten, wenn die großen Stürme kommen, die See meilenweit schneeweiß ist von zornigem Schaum. Aedan sitzt jetzt wahrscheinlich in Birmingham an einer Bartheke, ängstlich wie alle werdenden Väter, flucht auf die Hartnäckigkeit seiner Frau, die aus dieser Einsamkeit nicht zu vertreiben ist: eine dunkelhaarige trotzige Schönheit, deren Kinder alle Septemberkinder sind; unter den verfallenen Häusern des Dorfes bewohnt sie das einzige noch nicht verlassene. An diesem Punkt der Küste, dessen Schönheit weh tut, weil man an sonnigen Tagen dreißig, vierzig Kilometer weit blicken kann, ohne eines Menschen Haus zu sehen: nur Bläue, Inseln, die nicht wahr sind, und die See. Hinter dem Haus steigt der kahle Hang auf, vierhundert Fuß hoch, und dreihundert Schritte vom Haus entfernt fällt die Küste dreihundert Fuß steil ab; schwarzes, nacktes Gestein, Schluchten, Höhlen, die fünfzig, siebzig Meter tief in den Felsen gebohrt sind; aus denen an stürmischen Tagen der Schaum drohend aufsteigt, wie ein weißer Finger, dessen Glieder der Sturm einzeln wegträgt.

Von hier aus ging Nuala McNamara nach New York, um bei Woolworth Seidenstrümpfe zu verkaufen, John wurde Lehrer in Dublin, Tommy Jesuit in Rom, Brigid heiratete nach London – aber Mary hält zäh diesen hoffnungslosen einsamen Flecken, an dem sie seit vier Jahren in jedem September ein Kind zur Welt bringt.

»Kommen Sie am vierundzwanzigsten, Doktor, gegen elf, und ich schwöre Ihnen, daß Sie nicht vergebens kommen.«

In zehn Tagen schon wird sie mit dem alten Knotenstock ihres Vaters oben am Rand der steilen Küste entlanggehen, nach ihren Schafen ausschauen und nach jenen Gütern, die für die Küstenbewohner ein Ersatz für die Lotterie sind (in der sie natürlich nebenbei noch spielen), mit dem scharfen Auge der Küstenbewohnerin wird sie nach Strandgut ausschauen, nach dem Fernglas greifen, wenn Umriß und Farbe eines Gegenstands ihrem beutesicheren Auge verraten, daß es kein Felsen ist. Kennt sie nicht jeden Felsen, jeden Geröllbrocken an dieser sechs Meilen langen Küste – kennt sie nicht jede Klippe bei jedem Gezeitenstand? Drei Ballen Rohgummi fand sie allein im Oktober vorigen Jahres nach den großen Stürmen, sie verbarg sie in der Höhle oberhalb der Flutlinie, in der vor Jahrhunderten ihre Vorfahren schon Teakholz, Kupfer, Branntweinfässer, ganze Schiffseinrichtungen vor den Augen der Gendarmen verbargen.

Die junge Frau mit den silbern lackierten Fingernägeln lächelt, sie hat den zweiten Whiskey getrunken, einen großen, der endlich ihre Unruhe beschwichtigte: man muß nur nachdenklich jedem Schlückchen nachsinnen: dieses Feuerwasser wirkt nicht nur in die Tiefe, auch in die Breite. Hat sie nicht selbst vier Kinder geboren, und ist ihr Mann nicht schon dreimal von dieser Fahrt durch die Septembernacht zurückgekommen? Die junge Frau lächelt, wovon spricht Mary McNamara, wenn man sie trifft? Von etwas, das *Radar* heißt: sie sucht ein handliches, leicht transportables Radargerät, mit dem sie in den unzähligen Buchten und zwischen Klippen Kupfer und Zinn, Eisen und Silber zu finden hofft.

Die junge Frau geht wieder in den Flur zurück, horcht durch die offene Tür noch einmal auf das ruhige Atmen ihrer Kinder, lächelt, setzt den silbern lackierten Zeigefingernagel wieder auf die alte Landkarte, schiebt ihn rechnend vor: eine halbe Stunde über die glatte Straße bis zum Sund, eine dreiviertel Stunde bis zu Aedan McNamaras Haus, und wenn das Kind wirklich so pünktlich kommt, die beiden Frauen aus dem Nachbardorf schon dort sind: zwei Stunden vielleicht für die Geburt; noch einmal eine halbe Stunde für die *cup of tea*, die alles sein kann zwischen einer Tasse Tee und einer gewaltigen Mahlzeit; noch einmal eine dreiviertel Stunde und eine halbe für die Rückfahrt: fünf Stunden insgesamt. Um neun ist Ted gefahren, gegen zwei also müßten die Scheinwerfer seines Autos dort hinten, wo die Straße über den Berg springt, zu sehen sein. Die junge Frau blickt auf ihre Armbanduhr: gerade halb eins vorüber. Noch einmal langsam mit dem Silberfinger über die Karte: Moor, Dorf, Kirche, Moor, Dorf, eine gesprengte Kaserne, Moor, Dorf, Moor.

Die junge Frau geht zum Kaminfeuer zurück, legt neuen Torf auf, stochert, denkt nach, greift zur Zeitung. Auf der Titelseite sind die privaten Anzeigen zu finden: Geburten, Todesfälle, Verlobungen, und eine besondere Spalte, die ›In Memoriam‹ heißt: dort werden Jahrgedächtnisse, Sechswochenämter angekündigt, oder es wird nur an den Sterbetag erinnert: »Zur Erinnerung an die inniggeliebte Moira McDermott, die vor einem Jahr in Tipperary starb. Gütiger Jesus, hab Erbarmen mit ihrer Seele. Mögt auch Ihr, die Ihr heute an sie denkt, ein Gebet an Jesus richten.« Zwei Spalten, vierzigmal betet die junge Frau mit den silbern lackierten Fingernägeln »Gütiger Jesus, erbarme dich seiner – erbarme dich ihrer« für die Joyces und McCarthys, die Molloys und Galaghers.

Dann kommen die Silberhochzeiten, die verlorenen Ringe, gefundenen Geldbörsen, amtliche Bekanntmachungen.

Sieben Nonnen, die nach Australien, sechs, die nach Nordamerika gehen, lächelten dem Pressefotografen zu. Siebenundzwanzig Neupriester lächelten dem Pressefotografen zu. Fünfzehn Bischöfe, die über die Probleme der Emigration berieten, taten dasselbe.

Auf der dritten Seite der tägliche Stier, der eine Serie preisgekrönter Zuchtbullen fortsetzt; dann kommen Malenkow, Bulganin und Serow – weitergeblättert; ein preisgekröntes Schaf, den Blumenkranz zwischen den Hörnern; ein junges Mädchen, das bei einem Gesangwettbewerb den ersten Preis erhielt, zeigte den Pressefotografen sein hübsches Gesicht und seine häßlichen Zähne. Dreißig Absolventinnen eines Internats trafen sich fünfzehn Jahre nach dem Examen: einige sind in die Breite gegangen, andere ragen schlank aus dem Gruppenbild heraus, sogar auf dem Zeitungsfoto ist das scharfe Make-up zu erkennen: Münder wie Tusche, Brauen wie zarte kräftige Pinselstriche. Vereint waren die dreißig bei der Messe, bei Tee und Kuchen, beim abendlichen Rosenkranz.

Die drei täglichen Comic-Fortsetzungen: ›Rip Kirby‹, ›Hopalong Cassidy‹ und ›The Heart of Juliet Jones‹. Hart ist das Herz der Juliet Jones.

Flüchtig, so nebenbei, während ihre Augen schon halb auf der Kinoreklame ruhen, liest die junge Frau eine Reportage über Westdeutschland ›Wie sie in Westdeutschland ihre religiöse Freiheit nutzen‹. Zum ersten Mal in der deutschen Geschichte – so liest die junge Frau – gibt es in Westdeutschland vollkommene Freiheit der Religionsausübung. Armes Deutschland, denkt die junge Frau und schließt ein »Gütiger Jesus, erbarme dich ihrer« an.

Längst hat sie die Kinoreklame überflogen, schon ruht ihr Auge begierig auf der Spalte, die ›Wedding Bells‹ (Hochzeitsglocken) heißt: eine lange Spalte; da hat also Dermot O'Hara die Siobhan O'Shaugnessy geheiratet: Stand und Wohnort beider Elternpaare, des Brautführers, der Brautführerin, der Trauzeugen werden genauestens angegeben.

Seufzend, in der heimlichen Hoffnung, daß eine Stunde vergangen sein möge, blickt die junge Frau auf die Uhr: aber es ist erst eine halbe Stunde vergangen, und sie senkt ihr Gesicht wieder in die Zeitung. Reisen werden angezeigt: nach Rom, Lourdes, Lisieux, nach Paris in die Rue du Bac, zum Grab der Katharina Labouré; und da kann man sich für wenige Schillinge in das *Goldene Buch des Gebets* eintragen lassen. Ein neues Missionshaus ist eröffnet worden: strahlend stellten die Gründer sich der Kamera. In einem Nest in Mayo, vierhundertfünfzig Einwohner, hat dank der Aktivität des örtlichen Festival-Komitees ein wirkliches Festival stattgefunden: Wettbewerbe gab es in Eselreiten, Sacklaufen, Weitsprung und im Langsamfahren für Fahrräder: grinsend hielt der Sieger im Langsamfahren für Fahrräder sein Jungengesicht dem Pressefotografen hin: er, ein zarter Lehrling der Lebensmittelbranche, wußte am besten die Bremsen zu bedienen.

Sturm ist draußen aufgekommen, das Gebrüll der Brandung tönt herauf, und die junge Frau legt die Zeitung aus der Hand, steht auf, tritt ans Fenster und blickt in die Bucht hinaus: schwarz wie uralte Tinte sind die Felsen, obwohl die Münze des Mondes klar und voll über der Bucht schwebt; auch in die See dringt dieses klare, kalte Licht nicht ein: es haftet nur auf ihrer Oberfläche, wie Wasser auf Glas haftet, gibt dem Strand eine sanfte Rostfarbe, liegt auf dem Moor wie Schimmel; das kleine Licht unten im Hafen schwankt, die schwarzen Boote schaukeln ...

Sicher schadet es nicht, auch für Mary McNamara ein paar »Gütiger Jesus, erbarme dich ihrer« zu beten: Schweißperlen stehen jetzt auf diesem blassen, stolzen Gesicht, das auf eine unbeschreibliche Weise Härte und Güte zugleich ausdrückt: ein Hirtengesicht, ein Fischergesicht; vielleicht sah Jeanne d'Arc so aus ...

Die junge Frau wendet sich von der Kälte des Mondes ab, raucht eine Zigarette, verkneift sich den dritten Whiskey, nimmt die Zeitung wieder auf, überfliegt sie, während ihr Kopf weiter »Gütiger Jesus, erbarme dich ihrer« arbeitet – während sie den Sportteil überfliegt, den Marktbericht, Schiffsbewegungen –, denkt sie an Mary McNamara: Wasser ist jetzt in dem herrlichen Kupferkessel erhitzt worden, über dem Torffeuer; in diesem rotgoldenen Topf, der so groß ist wie eine kleine Kinderbadewanne, den einer von Marys Vorfahren auf einem Wrack aus der großen Armada geborgen haben soll: vielleicht brauten spanische Matrosen in ihm ihr Bier, kochten ihre Suppe. Öllampen und Kerzen brennen jetzt vor allen Heiligenbildern, und Marys Füße, die Halt suchen, pressen sich gegen die Stäbe des Betts, rutschen aus, und man sieht jetzt ihre Füße: weiß, zart, kräftig: die schönsten Füße, die die junge

Arztfrau je gesehen hat – und sie hat viele Füße gesehen: in der orthopädischen Klinik in Dublin, in einem dieser Fußkrankenläden, wo sie sich während der Ferien Geld verdiente: die armen häßlichen Füße derer, die ihre Füße gar nicht mehr benutzen; und an vielen Stränden hat die junge Frau nackte Füße gesehen: in Dublin, in Kiliney, Rossbeigh, Sandymount, Malahide, Bray und im Sommer hier, wenn die Badegäste kommen – noch nie hat sie so schöne Füße gesehen wie die der Mary McNamara. Man müßte Balladen dichten können, denkt sie seufzend, um Marys Füße zu preisen: Füße, die über Felsen klettern, über Klippen, durch Moore waten, meilenweit über die Straße – Füße, die sich jetzt gegen die Stäbe des Betts stemmen, um das Kind aus dem Leib zu pressen. Füße, wie ich sie bei keiner Filmschauspielerin je gesehen habe, sicher die schönsten Füße der Welt: weiß, zart, kräftig, beweglich fast wie Hände, Füße Athenes, Füße Jeanne d'Arcs.

Langsam taucht die junge Frau wieder in Zeitungsanzeigen unter: Häuser zu verkaufen: siebzig zählt sie: das bedeutet siebzig Auswanderer, siebzigmal Grund, den Gütigen Jesus anzurufen. Häuser gesucht: zwei – oh, *Kathleen ni Houlihan*, was machst du aus deinen Kindern! Bauernhöfe zu verkaufen: neun; gesucht wird keiner. Junge Männer, die sich zum Klosterleben berufen fühlen – junge Mädchen, die sich zum Klosterleben berufen fühlen … Englische Krankenhäuser suchen *Nurses*. Günstige Bedingungen, bezahlter Urlaub und einmal im Jahr eine freie Fahrt nach Hause.

Noch einmal in den Spiegel gesehen: vorsichtig das Lippenrot neu gezogen, die Augenbrauen gebürstet und am Zeigefinger der rechten Hand den silbernen Nagellack erneuert, der bei der Reise über die Landkarte absprang. Wieder in den Flur und mit dem neulackierten Zeigefinger noch einmal bis zu jenem Punkt gereist, wo die Frau mit den schönsten Füßen der Welt wohnt, lange den Finger dort ruhen lassen, sich die Örtlichkeit ins Gedächtnis rufen: sechs Meilen Steilküste, und an Sommertagen den Blick in die Unendlichkeit der Bläue, in der die Inseln draußen schwimmen, als seien sie erlogen, Inseln, ständig vom zornigen Weiß der See umgeben; Inseln, die nicht wahr sein können: grün, schwarz: eine Fata Morgana, die so weh tut, weil sie keine ist, weil sie die Täuschung ausschließt – und weil Aedan McNamara in Birmingham arbeiten muß, damit seine Familie hier leben kann. Sind nicht alle Iren an der Westküste fast wie Feriengäste, weil das Geld für ihren Lebensunterhalt anderswo verdient wird? Hart ist die Bläue der Ferne, die Inseln sind wie aus Basalt aus ihr herausgehauen; sehr selten einmal ein winziges schwarzes Boot: Menschen.

Das Gebrüll der Brandung ängstigt die junge Frau: wie sie manchmal – im Herbst, im Winter, wenn die Stürme wochenlang wehen, die Brandung wochenlang brüllt, der Regen regnet – sich nach den dunklen Mauern der Städte sehnt. Sie blickt noch einmal auf die Uhr: fast halb zwei; sie geht zum Fenster, blickt auf die nackte Münze des Mondes, die weiter auf das westliche Ende der Bucht zugewandert ist; plötzlich die Scheinwerferkegel vom Auto ihres Mannes: hilflos wie Arme, die keinen Halt finden, turnen sie am grauen Gewölk herum, senken sich – das Auto hat die Steigung also fast genommen –, schießen über die Höhe erst auf die Dächer des Dorfes, senken sich auf die Straße: zwei Meilen Moor noch, das Dorf und dann die Hupe, dreimal und wieder: dreimal, und alle Leute im Dorf wissen es: Mary McNamara hat einen

Jungen geboren, pünktlich in der Nacht vom 24. auf
den 25. September; jetzt wird der Postmeister aus dem
Bett springen, die Telegramme nach Birmingham,
Rom, New York und London aufgeben; noch einmal
die Hupe, für die Bewohner des Oberdorfs: dreimal:
Mary McNamara hat einen Jungen geboren.

Schon ist das Motorengeräusch zu hören, lauter, nah,
scharf wirft der Scheinwerfer die Schatten der Fächer-
palmen an die weißen Hauswände, verliert sich im Un-
terholz des Oleandergebüschs, hält an, und im Licht-
schein, der aus ihrem Fenster fällt, sieht die junge Frau
den riesigen Kupferkessel, der von der großen Armada
stammen soll. Ihr Mann hält ihn lachend ins volle
Licht.

»Ein königliches Honorar«, sagt er leise, und die
Frau schließt das Fenster, wirft noch einen Blick in den
Spiegel und schenkt zwei Whiskeygläser voll: auf die
schönsten Füße der Welt!

11

Der tote Indianer in der
Duke Street

Nur zögernd hebt der irische Polizist seine Hand, um
das Auto zu stoppen. Wahrscheinlich ist er der Nach-
fahre eines Königs oder der Enkel eines Dichters, der
Urneffe eines Heiligen, vielleicht auch hat er, der hier
das Gesetz zu hüten scheint, die andere Pistole, die der

Außergesetzlichkeit des Freiheitskämpfers, zu Hause unter dem Kopfkissen liegen. Niemals aber war die Tätigkeit, die er hier ausübt, Gegenstand eines der unzähligen Lieder, die seine Mutter ihm an der Wiege sang: die Nummer in den Zulassungspapieren mit der des Autos zu vergleichen, die blasse Fotografie des Besitzers mit dessen lebendigem Gesicht – welch eine törichte, fast erniedrigende Beschäftigung für den Nachkommen eines Königs, den Enkel eines Dichters, den Urneffen eines Heiligen – für den, der vielleicht die wilde Pistole der Außergesetzlichkeit mehr liebt als die des Gesetzes, die an seiner Hüfte baumelt.

Mit schwermütigem Zögern also stoppt er das Auto, der Landsmann drinnen dreht das Fenster herunter, der Polizist lächelt, der Landsmann lächelt, und das dienstliche Gespräch kann beginnen:

»Ganz netter Tag heute«, sagte der Polizist, »wie geht es Ihnen denn?«

»Oh, ganz gut, und Ihnen?«

»Es könnte besser sein, aber sagen Sie: haben wir nicht einen netten Tag?«

»Wirklich reizend – oder glauben Sie, daß es regnen wird?«

Feierlich blickt der Polizist nach Osten, nach Norden, Westen und Süden – und in dieser genußvollen Feierlichkeit, mit der er den Kopf schnuppernd durch die Luft schiebt, liegt das Bedauern darüber, daß es der Himmelsrichtungen nur vier gibt; wie schön müßte es sein, genußvoll und feierlich in sechzehn Himmelsrichtungen blicken zu können –, dann wendet er sich nachdenklich dem Landsmann zu:

»Nicht ganz ausgeschlossen, daß es regnen wird. Wissen Sie, an dem Tag, an dem meine Älteste ihr jüngstes Kind bekam – ein reizender kleiner Bengel mit ganz braunem Haar und ein Paar Augen – ein Paar Augen, sage ich Ihnen! –, an diesem Tag, es war vor drei Jahren, wohl um diese Jahreszeit, dachten wir auch, es sei ein reizender Tag; aber am Nachmittag ging es dann los.«

»Ja«, sagte der Landsmann im Wagen drinnen, »als meine Schwiegertochter – die Frau meines zweitältesten Sohnes –, als sie ihr erstes Kind bekam – eine süße Kleine mit ganz hellblondem Haar und ganz hellblauen Augen, ein entzückendes Kind, sage ich Ihnen! –, an diesem Tag war das Wetter fast so wie heute.«

»Auch der Tag, als meine Frau den Backenzahn gezogen bekam – morgens Regen, mittags Sonne, abends wieder Regen –, genauso war es an dem Tag, als Catie Coughlan den Pfarrer von St. Mary erstach …«

»Hat man je ’rausgekriegt, warum sie es tat?«

»Sie erstach ihn, weil er sie nicht absolvieren wollte. Vor Gericht sagte sie dauernd zu ihrer Verteidigung: ›Sollte ich denn, mit all meinen vielen Sünden bedeckt, vielleicht sterben?‹ – genau an diesem Tag bekam das drittjüngste Kind von meiner zweitältesten Tochter seinen ersten Zahn, und wir feiern doch die Zähne: ich aber schlich im strömenden Regen durch Dublin, um Catie zu suchen.«

»Fandet ihr sie?«

»Nein, sie saß schon zwei Stunden auf dem Revier und wartete auf uns – aber es war niemand da, weil wir ja alle unterwegs waren, sie zu suchen.«

»Zeigte sie Reue?«

»Nicht eine Spur. Sie sagte: ›Ich nehme an, daß er gleich in den Himmel gekommen ist: was will er eigentlich mehr.‹ – Schlimm war auch der Tag, an dem Tom Duffy den Bären im Zoo den großen Schokoladeneger brachte, den er bei Woolworth geklaut hatte.

Es waren vierzig Pfund reine Schokolade, und alle Tiere im Zoo wurden wild, weil das Gebrüll der Bären sie verrückt machte. An diesem Tag schien die Sonne so schön, den ganzen Tag über – und ich wollte mit der Ältesten von meiner Ältesten an die See fahren: so aber mußte ich Tom abholen: er lag zu Hause im Bett und schlief fest, und wissen Sie, was der Kerl sagte, als ich ihn weckte? Wissen Sie's?«

»Ich entsinne mich nicht.«

»›Verdammt‹, sagte er, ›warum mußte dieser herrliche Schokoladeneger auch Woolworth gehören. Nicht mal ruhig schlafen läßt ihr einen.‹ O törichte, dumme Welt, in der die richtigen Dinge immer den falschen Leuten gehören, – ein wunderbarer Tag, und ich mußte den blöden Tom verhaften.«

»Ja«, sagte der Landsmann im Auto drinnen, »auch der Tag, an dem mein Jüngster im Abschlußexamen durchfiel, war so ein herrlicher Tag …«

Multipliziert man die Anzahl der Verwandten mit deren Lebensalter, dieses Ergebnis dann mit der Zahl 365, dann hat man ungefähr die Anzahl der Variationsmöglichkeiten des Themas Wetter. Man weiß nie, was wichtiger ist: Catie Coughlans Mord oder das Wetter, das an diesem Tag herrschte; wer das Alibi für was ist, läßt sich nicht 'rauskriegen: ob der Regen für Catie oder Catie für den Regen, das bleibt unentschieden. Ein gestohlener Schokoladeneger, ein gezogener Backenzahn, ein nicht bestandenes Examen: diese Ereignisse stehen nicht einsam in der Welt, sie sind der Wettergeschichte zu-, in sie eingeordnet, sie gehören in ein geheimnisvolles, unendlich kompliziertes Koordinatensystem.

»Schlimm war es auch«, sagte der Polizist, »an dem Tag, an dem eine Nonne in der Duke Street den toten

Indianer fand: Sturm herrschte und Regen peitschte uns ins Gesicht, als wir den armen Kerl zur Wache brachten. Die Nonne ging die ganze Zeit neben uns her und betete für seine arme Seele – das Wasser lief ihr in die Schuhe, und der Sturm war so heftig, daß er ihr schweres, nasses Habit hochhob, und ich konnte für Augenblicke sehen, daß sie ihre dunkelbraune Hose mit rosa Wolle gestopft hatte …«

»War er ermordet worden?«

»Der Indianer? Nein – man hat nie ’rausgekriegt, wo er herkam, zu wem er gehörte, weder wurde Gift in ihm noch irgendein Zeichen einer Gewalttat an ihm gefunden: er hatte das Kriegsbeil in der Hand, war in Kriegsbemalung und Kriegsschmuck, und weil er ja einen Namen haben mußte – wir erfuhren seinen richtigen Namen nie –, nannten wir ihn *Unser lieber roter Bruder aus der Luft.* ›Er ist ein Engel‹, weinte die Nonne, die nicht von seiner Seite wich, ›er muß ein Engel sein: seht doch sein Gesicht …‹«

Glanz kam in die Augen des Polizisten, feierlich straffte sich sein Gesicht, das vom Whiskey ein wenig schwammig war, und er sah plötzlich so jung aus – »Wirklich, ich glaube heute auch, daß er ein Engel war: wo sollte er sonst herkommen?«

»Merkwürdig«, flüsterte der Landsmann mir zu, »ich habe nie von diesem Indianer gehört.«

Und ich begann zu ahnen, daß der Polizist nicht der Enkel eines Dichters, sondern selbst ein Dichter sei.

»Wir trugen ihn zu Grabe, erst eine Woche später, weil wir jemand suchten, der ihn gekannt haben könnte, aber niemand hatte ihn gekannt. Das Merkwürdigste war, daß auch die Nonne plötzlich verschwunden war. Ich hatte doch die rosa Stopfwolle auf ihrer braunen Hose gesehen, wenn der Sturm ihr schweres Habit hochhob – es gab natürlich einen Mordskrach, als die Polizei die Hosen aller irischen Nonnen besichtigen wollte.«

»Bekamt ihr sie zu sehen?«

»Nein«, sagte der Polizist, »wir bekamen die Hosen nicht zu sehen, ich bin sicher, daß die Nonne auch ein Engel war. Wissen Sie, was mich nachdenklich gemacht hat: ob sie im Himmel wirklich gestopfte Hosen tragen?«

»Fragen Sie doch den Erzbischof«, sagte der Landsmann, und er drehte sein Fenster noch weiter herunter und reichte die Zigarettenschachtel nach draußen. Der Polizist nahm eine Zigarette.

Das kleine Geschenk schien den Polizisten an sein eigentliches, dieses lästige irdische Leben erinnert zu haben: alt war plötzlich sein Gesicht wieder, schwammig und schwermütig, als er fragte:

»Übrigens, kann ich Ihre Papiere einmal sehen?«

Der Landsmann unternahm nicht einmal den Versuch, den Suchenden zu spielen: nicht diese künstliche Nervosität, mit der wir nach etwas suchen, von dem wir wissen, daß es nicht da ist; er sagte einfach: »Oh, ich habe sie vergessen.«

Der Polizist stutzte nicht einen Augenblick. »Oh«, sagte er, »Ihr Gesicht wird ja wohl Ihres sein.«

Ob das Auto auch seins ist, scheint nicht so wichtig zu sein, dachte ich, als wir weiterfuhren: wir fuhren durch herrliche Alleen, an prächtigen Ruinen vorbei, aber ich sah nicht viel von allem: ich dachte an den toten Indianer, der in der Duke Street von einer Nonne gefunden wurde, bei Sturm und peitschendem Regen: ich sah die beiden deutlich, ein Engelpaar – den einen im Kriegsschmuck, den anderen mit einer braunen Hose, die mit rosa Wolle gestopft war, deutlicher

sah ich sie als das, was ich wirklich hätte sehen können: die wunderbaren Alleen und die prächtigen Ruinen ...

12

Blick ins Feuer

Daß die Axt im Haus den Zimmermann erspare, ist ein
weitverbreiteter Irrtum; aber Spaß müßte es machen,
seine eigene Grube zu haben; Mister O'Donovan in
Dublin hat eine, wie viele O'Neills, Malloys, Dalys in
Dublin sie haben; Mr. O'Donovan braucht an freien
Tagen (und freie Tage gibt es genug) nur mit seinem
Spaten den Bus Nr. 17 oder 47 zu besteigen und zu seiner Torfgrube hinauszufahren: Sixpence kostet ihn die
Fahrt, ein paar Sandwiches und eine Kanne voll Tee hat
er in der Tasche, und er kann in seinem eigenen Claim
seinen Torf stechen; ein Lastwagen oder ein Eselskar-
ren wird ihm den Torf in die Stadt hinunter befördern.
Sein Landsmann in anderen Grafschaften hat es leichter: ihm wächst der Torf fast ins Haus, und auf den
kahlen, grün-schwarz gestreiften Hügeln herrscht an
sonnigen Tagen ein Treiben wie an Erntetagen: hier
wird geerntet, was Jahrhunderte der Feuchtigkeit zwischen nackten Felsen, Seen und grünen Weiden haben
wachsen lassen: Torf, einziger natürlicher Reichtum eines Landes, das schon seit Jahrhunderten des Waldes
beraubt ist, das sein tägliches Brot nicht immer gehabt

hat und hat, aber fast immer seinen täglichen Regen, und wenn es nur ganz wenig ist: eine winzige Wolke, die an strahlenden Tagen heransegelt und – halb im Scherz – ausgedrückt wird, so wie ein Schwamm ausgedrückt wird.

In großen Meilern trocknen die Klumpen dieses bräunlichen Kuchens hinter jedem Haus, oft wächst der Torfstapel über das Dach hinaus, und so ist eins immer gesichert: das Feuer im Kamin, die rote Flamme, die über die dunklen Klumpen leckt, helle Asche hinterläßt, leichte, geruchlose, fast wie Zigarrenasche: weiße Spitze an der schwarzen Brasil.

Das Kaminfeuer macht einen der am wenigsten sympathischen (und genausowenig entbehrlichen) Gegenstände zivilisierter Geselligkeiten überflüssig: den Aschenbecher; wenn der Gast die Zeit, die er im Hause verbracht hat, in Zigaretten zerstückelt im Aschenbecher hinterlassen hat, die Hausfrau diese stinkenden Schalen leert, bleibt immer noch der zähe, fast klebrige schwarzgraue Dreck. Wunderlich genug, daß noch kein Psychologe die Niederungen der Psychologie erforscht und den Nebenzweig der Kippologie entdeckt hat, dann könnte die Hausfrau, wenn sie die zerstückelte Zeit einsammelt, um sie wegzuwerfen, sich an den Stummeln schadlos halten und sich ein wenig in Psychologie üben: da liegen sie also, die nur halb gerauchten, brutal geknickten Zigarettenstummel dessen, der nie Zeit hat und vergebens mit seinen Zigaretten gegen die Zeit um Zeit kämpft – da hat Eros einen dunkelroten Rand auf dem Filter hinterlassen – der Pfeifenraucher die Asche seiner Gediegenheit: schwarz, krümelig, trocken – dort liegen die sparsamen Reste des Kettenrauchers, der die Glut bis nahe an die Lippen herankommen läßt, bevor er die nächste Zigarette entzündet; leicht ließen sich da in den Niederungen der Psychologie wenigstens ein paar grobe Indizien sammeln als Nebenprodukte zivilisierter Geselligkeiten. Wie gütig ist das Kaminfeuer, das alle Spuren verzehrt; nur Teetassen bleiben, ein paar Schnapsgläser, der rotglühende Kern im Kamin, um den herum der Hausherr von Zeit zu Zeit neue schwarze Torfklumpen auftürmt.

Auch die sinnlosen Prospekte – für Eisschränke, Romreisen, »Goldene Bücher des Humors«, Autos und Eheanbahnung –, dieser Strom, der mit Einwickelpapier, Zeitungen, Billetts, Briefumschlägen beängstigend anschwillt, hier kann er unmittelbar in Flamme verwandelt werden, ein paar Holzstücke dazu, die man beim Spaziergang am Strand auflas: den Splitter von einer Kognakkiste, einen Keil, der über Bord gespült wurde, ausgetrocknet, weiß und so sauber: nur ein Zündholz an den Scheiterhaufen gehalten, und schon züngeln die Flammen hoch, und die Zeit, die Zeit zwischen fünf Uhr nachmittags und Mitternacht ist so schnell von der ruhigen Flamme des Feuers verzehrt; man spricht leise miteinander; wer hier schreien würde, kann nur eins von beiden sein: krank oder lächerlich. Am Kaminfeuer kann man hier die europäische Schule schwänzen, während Moskau seit vier, Berlin seit zwei, selbst Dublin schon seit einer halben Stunde im Dunkeln liegt: heller Schein liegt noch über der See, und der Atlantik trägt beharrlich Scholle um Scholle vom westlichen Vorwerk Europas weg; Geröll fällt ins Meer, lautlos tragen die Moorbäche dunkle europäische Erde in den Atlantik hinaus, in ihrem sanften Geplätscher schmuggeln sie krumenweise im Laufe von Jahrzehnten ganze Äcker hinaus in die offene See.

Die Schulschwänzer legen beklommen neuen Torf auf die Glut; sorgfältig geschichtete Brocken, die die mitternächtliche Dominopartie beleuchten sollen; langsam gleitet der Sucher über die Skala des Radioapparates, um die Uhrzeit abzufangen, aber nur Fetzen von Nationalhymnen werden aufgefischt: noch ist Polen nicht verloren – die Königin gesegnet – Maas und Memel, Etsch und Belt sind immer noch die Grenzen Deutschlands (das wird nicht gesagt und nicht gesungen, aber der unschuldigen Melodie sind diese Worte eingeprägt wie einer Drehorgelwalze) – immer noch hängen die Kinder des Vaterlands die Aristokraten an die Laterne; langsam glüht der grüne Sucher aus, und noch einmal leckt die Flamme am Torf hoch: eine Stunde Zeit liegt dort noch aufgeschichtet: vier Torfklumpen über dem Glutkern; der tägliche Regen kommt heute spät, fast lächelnd, leise fällt er ins Moor, ins Meer.

Das Motorengeräusch der heimfahrenden Gäste entfernt sich auf Lichter zu, die im Moor verstreut liegen, an schwarzen Hängen, die schon im tiefen Schatten liegen, während es am Strand und über der See noch hell ist; langsam nur schiebt sich die Kuppel der Dunkelheit auf den Horizont zu, schließt dann den letzten Spalt im Gewölbe, aber immer noch nicht ist es ganz dunkel, während es am Ural schon wieder hell wird, Europa ist nur so breit wie eine kurze Sommernacht.

13

Wenn Seamus einen trinken will ...

Wenn Seamus (sprich *Schämes*) einen trinken will, muß er sich wohl überlegen, für wann er sich seinen Durst bestellt: solange die Fremden im Ort sind (und es sind deren nicht in allen Orten), kann er seinem Durst einige Freiheit lassen, denn die Fremden dürfen trinken, wann immer ihnen Durst kommt, und so kann auch der Einheimische sich getrost zwischen sie an die Theke stellen, zumal er ja ein folkloristisches, den Fremdenverkehr förderndes Element ist. Nach dem 1. September aber muß Seamus seinen Durst regulieren. Die Polizeistunde ist werktags um 22 Uhr, das ist schon bitter genug, denn an warmen, trockenen Septembertagen arbeitet Seamus oft bis halb zehn, manchmal länger. Sonntags aber muß er sich zwingen, entweder bis nachmittags zwei Uhr oder zwischen sechs und acht Uhr abends durstig zu sein. Hat das Mittagessen lange gedauert, kommt der Durst erst nach zwei Uhr, so wird Seamus seine Stammkneipe geschlossen finden, den Wirt, auch wenn es ihm gelingt, ihn herauszuklopfen, sehr *sorry* finden und nicht im geringsten geneigt, für ein Glas Bier oder einen Whiskey fünf Pfund Geldstrafe, eine Fahrt in die Provinzhauptstadt, einen verlorenen Arbeitstag zu riskieren. Sonntags zwischen zwei und sechs haben die Kneipen zu schließen, und des Ortspolizisten ist man nie ganz sicher; es gibt ja Leute, die sonntags nach einem schweren Mittagessen Anfälle von Korrektheit bekommen und sich an Gesetzestreue besaufen. Aber auch Seamus hat ein schweres Mittagessen gehabt, und seine Sehnsucht nach einem Glas Bier ist keineswegs unverständlich, noch weniger sündhaft.

So steht Seamus fünf Minuten nach zwei auf dem Dorfplatz und überlegt. Das verbotene Bier schmeckt in der Erinnerung seiner durstigen Kehle natürlich besser, als leicht erhältliches Bier schmecken würde. Seamus denkt nach: es gibt einen Ausweg, er könnte sein Fahrrad aus dem Schuppen holen, die sechs Meilen zum Nachbardorf strampeln, denn der Wirt im Nachbardorf muß ihm geben, was ihm der heimatliche Wirt verweigern muß: sein Bier. Dieses abstruse Trinkgesetz hat die zusätzliche Floskel, daß dem Reisenden, der mindestens drei Meilen von seinem Heimatdorf entfernt ist, der kühle Trunk nicht zu verweigern sei. Seamus überlegt immer noch: die geographische Situation ist für ihn ungünstig – man kann sich den Ort, an dem man geboren wird, leider nicht aussuchen –, und Seamus hat das Pech, daß die nächste Kneipe nicht genau drei, sondern sechs Meilen weg ist – ein für einen Iren außergewöhnliches Pech, denn sechs Meilen ohne Kneipe sind eine Seltenheit. Sechs Meilen hin, sechs Meilen zurück – zwölf Meilen, mehr als achtzehn Kilometer für ein Glas Bier, und außerdem geht es noch ein Stück bergauf. Seamus ist kein Säufer, sonst würde er gar nicht so lange überlegen, sondern längst auf dem Fahrrad sitzen und lustig mit den Schillingmünzen in seiner Tasche klimpern. Er will ja nur ein Bier trinken: der Schinken war so scharf gesalzen, so pfefferig der Kohl – und steht es etwa einem Manne an, seinen Durst mit Brunnenwasser oder Buttermilch zu löschen? Er betrachtet das Plakat, das über der Stammkneipe hängt: ein riesiges, naturalistisch gemaltes Glas Bier, lakritzig dunkel und so frisch der bittere Trank und darüber der weiße, schneeweiße Schaum, der von einem durstigen Seehund aufgeleckt wird. *A lovely day for a Guinness!* O Tantalus! Soviel Salz im Schinken, soviel Pfeffer im Kohl.

Fluchend geht Seamus ins Haus zurück, holt das Fahrrad aus dem Schuppen, trampelt zornig drauflos. O Tantalus – und die Wirkung geschickter Reklame! Es ist heiß, sehr heiß, der Berg ist steil, Seamus muß absteigen, das Fahrrad schieben, er schwitzt und flucht: seine Flüche bewegen sich nicht in der sexuellen Sphäre wie die Flüche weintrinkender Völker, seine Flüche sind Spirituosentrinkerflüche, gotteslästerlicher und geistiger als die sexuellen Flüche, denn immerhin: in Spirituosen steckt *spiritus:* er flucht auf die Regierung, flucht wahrscheinlich auch auf den Klerus, der dieses unverständliche Gesetz hartnäckig hält (wie der Klerus in Irland auch bei der Vergebung von Kneipenlizenzen, bei der Festlegung der Polizeistunde, bei Tanzvergnügen das entscheidende Wort spricht), dieser schwitzende durstige Seamus, der vor wenigen Stunden so ergeben und offensichtlich fromm in der Kirche gestanden und das Sonntagsevangelium gehört hat.

Endlich erreicht er die Höhe des Berges: hier spielt nun der Sketch, den ich gerne schreiben möchte, denn hier begegnet Seamus seinem Vetter Dermot aus dem Nachbardorf. Dermot hat auch gesalzenen Schinken, gepfefferten Kohl gegessen, auch Dermot ist kein Trinker, nur ein Glas Bier will er gegen seinen Durst; auch er hat – im Nachbardorf – vor dem Plakat mit dem naturalistisch gemalten Glas Bier, dem genießerischen Seehund gestanden, auch er hat überlegt, hat schließlich das Fahrrad aus dem Schuppen geholt, es den Berg hinaufgeschoben, geflucht, geschwitzt – nun begegnet er Seamus: ihr Dialog ist knapp, aber gotteslästerlich –

dann saust Seamus den Berg hinunter auf Dermots Stammkneipe, Dermot auf Seamus' Stammkneipe zu, und sie werden beide tun, was sie nicht vorhatten: sie werden sich sinnlos besaufen, denn für ein Glas Bier, für einen Whiskey diesen Weg zu machen, das würde sich nicht lohnen. Irgendwann an diesem Sonntag werden sie taumelnd und singend ihre Fahrräder den Berg wieder hinaufschieben, werden in halsbrecherischer Kühnheit den Berg hinuntersausen. Sie, die gar keine Säufer sind – oder sollten sie doch welche sein? –, werden Säufer sein, bevor es Abend geworden ist.

Vielleicht aber entschließt sich Seamus, der nach zwei Uhr durstig auf dem Dorfplatz steht und den schleckenden Seehund betrachtet, zu warten, das Fahrrad nicht aus dem Schuppen zu holen; vielleicht entschließt er sich, seinen Durst – o welche Erniedrigung für einen rechten Mann! – mit Wasser oder Buttermilch zu löschen, sich mit der Sonntagszeitung aufs Bett zu hauen. In der drückenden Nachmittagshitze und Stille wird er eindösen, wird plötzlich erwachen, auf die Uhr blicken und voller Entsetzen – als sei der Teufel hinter ihm her – in die Kneipe gegenüber stürzen, denn es ist Viertel vor acht geworden, und sein Durst hat nur noch eine Viertelstunde Zeit. Schon hat der Wirt angefangen, stereotyp zur rufen: »*Ready now, please! Ready now, please!* – Schluß jetzt, bitte! Schluß jetzt, bitte!« Hastig und zornig, immer mit dem Blick auf die Uhr, wird Seamus drei, vier, fünf Glas Bier hinunterstürzen, etliche Whiskeys hinterherkippen, denn der Uhrzeiger rutscht immer näher auf die Acht zu, und schon hat der Posten, der draußen vor der Tür steht, berichtet, daß der Dorfpolizist langsam heranschlendert: es gibt ja so Leute, die sonntags nachmittags Anfälle von schlechter Laune und Gesetzestreue haben.

Wer sonntags kurz vor acht in einer Kneipe plötzlich vom »Schluß jetzt, bitte!« des Wirts überrascht wird, der kann sie alle hereinstürzen sehen, alle, die keine Säufer sind, denen aber plötzlich eingefallen ist, daß die Kneipe bald schließt und daß sie noch gar nicht getan haben, wozu sie möglicherweise gar keine Lust hätten, wenn es diese verrückte Bestimmung nicht gäbe: daß sie sich noch nicht betrunken haben. Fünf Minuten vor acht wird der Andrang dann enorm: alle saufen gegen den Durst, der vielleicht um zehn, um elf noch kommen kann, vielleicht aber auch nicht. Außerdem fühlt man sich verpflichtet, ein bißchen zu spendieren: da ruft der Wirt verzweifelt seine Frau, seine Nichten, Enkel, Großmutter, Urahne und Tante zur Hilfe herbei, weil er drei Minuten vor acht noch sieben Lokalrunden verzapfen muß: sechzig halbe Liter Bier, ebenso viele Whiskeys müssen noch ausgeschenkt, müssen noch getrunken werden. Diese Trinkfreudigkeit, diese Spendierfreudigkeit hat etwas Kindisches, hat etwas vom heimlichen Zigarettenrauchen derer, die sich ebenso heimlich, wie sie rauchen, erbrechen – und das Ende, wenn der Polizist Punkt acht an der Tür sichtbar wird, das Ende ist reine Barbarei: da stehen blasse, verbitterte Siebzehnjährige versteckt irgendwo im Kuhstall und schütten Bier und Whiskey in sich hinein, erfüllen die sinnlosen Spielregeln des Männerbundes, und der Wirt, der Wirt kassiert: Haufen von Pfundscheinen, klimperndes Silber, Geld, Geld – das Gesetz aber ist erfüllt.

Der Sonntag ist jedoch noch lange nicht zu Ende: es ist Punkt acht – früh noch, und der Sketch, der nachmittags um zwei mit Seamus und Dermot gespielt wurde, kann jetzt mit beliebig großer Besetzung wiederholt werden: abends gegen Viertel nach acht, oben auf dem Berg: zwei Gruppen Betrunkener begegnen sich:

um das Gesetz mit der Drei-Meilen-Bestimmung zu
erfüllen, wechseln sie nur die Dörfer, nur die Kneipen.
Viele Flüche steigen am Sonntag zum Himmel in diesem frommen Land, das zwar katholisch ist, aber nie
von einem römischen Söldner betreten wurde: ein
Stück katholisches Europa außerhalb der Grenzen des
römischen Reiches.

14

Das neunte Kind der Mrs. D.

Das neunte Kind der Mrs. D. heißt James Patrick Pius.
An dem Tag, an dem es geboren wurde, wurde Siobhan,
das älteste Kind der Mrs. D., ein Mädchen, gerade sieb-
zehn; was aus Siobhan werden soll, ist schon geplant.
Sie wird die Post übernehmen: den Klappenschrank bedienen, Gespräche aus Glasgow, London, Liverpool
annehmen und vermitteln, Briefmarken verkaufen,
Einschreibequittungen ausschreiben und zehnmal soviel Geld auszahlen, als eingezahlt wird: Pfunde aus
England, gewechselte Dollars aus Amerika, Kinderzu-
lagen, Prämien für Gälischsprechen, Renten. Sie wird
jeden Mittag gegen eins, wenn das Postauto kommt,
über einer Kerze den Siegellack erweichen und das
große Siegel mit der irischen Leier auf den großen Brief-
umschlag prägen, der die wichtigsten Sendungen enthält; sie wird nicht – wie es ihr Vater tut – jeden Mittag
mit dem Fahrer des Postautos ein Bier trinken, einen

kurzen, spröden Schwatz halten, der mehr der Strenge einer Liturgie als der Männergeschwätzigkeit eines Thekengesprächs gleicht. Das also wird Siobhan tun: von morgens acht bis mittags zwei im Postbüro hocken, mit der Gehilfin zusammen, und abends wieder von sechs bis zehn, um den Klappenschrank zu bedienen; es wird ihr Zeit genug bleiben, Zeitung zu lesen, Romane, oder mit dem Fernglas auf die See zu blicken: die blauen Inseln aus zwanzig Kilometern Entfernung auf zweieinhalb heranzuholen, die Badenden am Strand aus fünfhundert Metern Entfernung auf sechzig: schicke Dublinerinnen und altmodische; Bikinis und Großmutters Badeanzug mit Krausen und Schürzen. Aber länger, viel länger als die kurze Badesaison ist die tote, die stille Zeit: Wind, Regen, Wind, nur selten ein Fremder, der eine Fünf-Pence-Briefmarke für einen Brief zum Kontinent kauft, oder gar einer, der Briefe von drei, von vier Unzen Gewicht per Einschreiben in Städte schickt, die München, Köln oder Frankfurt heißen; der sie zwingt, den dicken Posttarif aufzuschlagen und komplizierte Berechnungen anzustellen, oder gar Freunde hat, die sie zwingen, aus dem Code Telegrammtexte zu entziffern, die heißen: »Eile geboten: Stop. Antwortet baldmöglichst.« Wird Siobhan je begreifen, was »baldmöglichst« heißt, ein Wort, das sie so korrekt mit ihrer Jungmädchenschrift aufs Telegrammformular schreibt, wobei sie nur aus dem ö ein oe macht?

Wie dem auch sei: Siobhans Zukunft scheint gesichert, soweit etwas auf dieser Erde zu sichern ist; sicherer noch scheint, daß sie heiraten wird: sie hat Augen wie Vivien Leigh, und oft sitzt abends ein Jüngling mit baumelnden Beinen auf der Posttheke, und es findet einer jener spröden, fast stummen Flirts statt, wie sie nur bei glühender Liebe und fast krankhafter Schüchternheit möglich sind.

»Schönes Wetter, nicht wahr?«

»Ja.«

Schweigen, ein flüchtiges Ansehen, ein Lächeln, viel Schweigen. Siobhan ist froh, daß der Klappenschrank brummt.

»Sprechen Sie noch? Sprechen Sie noch?«

Den Stöpsel herausgezogen; ein Lächeln, ein Ansehen, Schweigen, viel Schweigen.

»Wunderbares Wetter, nicht wahr?«

»Wunderbar.«

Schweigen, ein Lächeln, der Klappenschrank immer wieder als Rettung:

»Here Dukinella, Dukinella here – yes.«

Stöpseln. Schweigen. Lächeln mit den Augen der Vivien Leigh, und der junge Mann, diesmal mit fast brechender Stimme:

»Fabelhaftes Wetter, wie?«

»Ja, fabelhaft.«

Heiraten wird Siobhan, aber den Klappenschrank weiter bedienen, weiter Briefmarken verkaufen, Geld auszahlen und das Petschaft mit der irischen Leier in den weichen Siegellack drücken.

Vielleicht auch wird sie plötzlich der Koller überkommen, wenn der Wind wochenlang weht, wenn die Leute mit ihrem schrägen Gang gegen den Sturm ankämpfen, wenn der Regen wochenlang regnet, das Fernglas den Blick auf die blauen Inseln nicht freigibt und im Nebel der Rauch der Torffeuer tief hängt, dicht und bitter. Wie es auch sein wird, sie kann hierbleiben, und das ist eine unglaubliche Chance: von ihren acht Geschwistern werden nur zwei hierbleiben können; einer kann die kleine Pension übernehmen, und ein zweiter kann dort, wenn er nicht heiratet, mithelfen; zwei Familien ernährt die Pension nicht. Die anderen werden auswandern oder irgendwo im Lande Arbeit suchen müssen; aber wo und wieviel werden sie verdienen? Die wenigen Männer, die ständig hier Arbeit haben, am Hafen, beim Fischfang, beim Torfstechen oder am Strand, wo sie Kies sieben, Sand laden, diese wenigen verdienen fünf bis sieben Pfund die Woche (1 Pfund = 11,60); und wenn man einen eigenen Torfclaim hat, eine Kuh, Hühner, ein Häuschen und Kinder, die helfen, dann kann man davon gerade leben – in England aber verdient ein Arbeiter, wenn er Überstunden macht, wöchentlich zwanzig bis fünfundzwanzig Pfund, und ohne Überstunden mindestens zwölf bis fünfzehn; ein junger Bursche kann also, selbst wenn er zehn Pfund in der Woche für sich verbraucht, in jedem Falle noch zwei bis fünfzehn nach Hause schicken, und es gibt hier so manche Oma, die von diesen zwei Pfund, die ein Sohn oder Enkel schickt, und manche Familie, die von den fünf Pfund, die der Vater schickt, lebt.

Sicher ist, daß von den neun Kindern der Mrs. D. fünf oder sechs werden auswandern müssen. Wird der kleine Pius, der eben von seinem ältesten Bruder geduldig geschaukelt wird, während die Mutter für ihre Pensionsgäste Spiegeleier brät, Marmeladentöpfchen füllt, weißes, braunes Brot schneidet, Tee aufgießt, während sie im Torffeuer Brot bäckt, indem sie den Teig in die Eisenform legt und Torfglut über die Form häuft (es geht übrigens schneller und ist billiger als im elektrischen Herd) – wird dieser kleine Pius in vierzehn Jahren, im Jahre 1970, auch am 1. Oktober oder 1. April, vierzehnjährig, mit seinem Pappkoffer in der Hand, mit Medaillen behangen, mit einem Extrapaket besonders gut belegter Brote, von seiner schluchzenden Mutter umarmt, an der Bushaltestelle stehen, um die große Reise anzutreten, nach Cleveland, Ohio, nach Manchester, Liverpool, London oder Sydney zu irgendeinem Onkel, einem Vetter, einem Bruder vielleicht, der versichert hat, er werde sich um ihn kümmern und etwas für ihn tun?

Diese Abschiede auf irischen Bahnhöfen, an Bushaltestellen mitten im Moor, wenn die Tränen sich mit Regentropfen mischen und der atlantische Wind weht; der Großvater steht dabei, er kennt die Schluchten von Manhattan, kennt die New Yorker Waterfront, er hat dreißig Jahre lang die »Faust im Nacken« gespürt, und er steckt dem Jungen schnell noch eine Pfundnote zu, dem Kahlgeschorenen, noch Rotznäsigen, um den geweint wird, wie Jakob um Josef weinte; vorsichtig hupt der Busfahrer, sehr vorsichtig, aber er, der schon Hunderte, vielleicht Tausende, die er hat aufwachsen sehen, an den Zug gefahren hat, er weiß, daß der Zug nicht wartet und daß ein vollzogener Abschied leichter zu ertragen ist als einer, der noch bevorsteht. Winken, in die Einöde hinein, das kleine weiße Haus im Moor, Tränen mit Rotz gemischt, am Laden vorbei, an der Kneipe, in der Vater abends seinen halben Liter trank; vorbei an der Schule, an der Kirche – ein Kreuzzeichen, auch der Busfahrer macht eins –, der Bus hält; neue Tränen, neuer Abschied; ach, Michael geht auch weg, und Sheila geht; Tränen, Tränen – irische, polnische, armenische Tränen …

Acht Stunden brauchen Bus und Bahn von hier bis Dublin, und was sie aufsammeln, was in überfüllten Zügen auf den Fluren mit Pappkartons, zerbeulten Koffern oder Leinensäcken herumsteht, Mädchen, die noch den Rosenkranz um ihre Hände geschlungen halten, Jungen, in deren Taschen noch die Murmeln klingen – diese Fracht ist nur ein geringer Teil, nur wenige hundert sind es von mehr als vierzigtausend, die in jedem Jahr dieses Land verlassen: Arbeiter und Ärzte, Krankenschwestern, Hausgehilfinnen und Lehrerinnen: irische Tränen, die sich mit polnischen, italienischen mischen werden, in London, Manhattan, Cleveland, Liverpool oder Sydney.

Von den achtzig Kindern, die sonntags in der Messe sind, werden in vierzig Jahren nur noch fünfundvierzig hier leben; diese fünfundvierzig aber werden so viele Kinder haben, daß wieder achtzig Kinder in der Kirche knien werden.

Von den neun Kindern der Mrs. D. werden also sicher vier oder fünf auswandern müssen. Noch wird Pius vom älteren Bruder geschaukelt, während die Mutter Hummer für ihre Gäste in den großen Topf überm Torffeuer wirft; während die Zwiebeln in der Pfanne schmoren und das dampfende Brot auf dem fliesenbelegten Tisch langsam auskühlt; während die See rauscht und Siobhan mit den Augen der Vivien Leigh durchs Fernglas auf die blauen Inseln draußen blickt, Inseln, auf denen bei klarem Wetter noch die kleinen Dörfer zu erkennen sind: Häuser, Scheunen, eine Kirche, deren Turm schon eingestürzt ist. Kein Mensch wohnt mehr dort, keiner. Die Vögel nisten in Wohnstuben, Seehunde faulenzen manchmal am Kai des kleinen Hafens, kreischende Möwen schreien wie verdammte Seelen in den verlassenen Straßen. Es ist ein Vogelparadies, sagen die, die manchmal einen englischen Professor, einen Vogelforscher, hinüberrudern.

»Jetzt kann ich sie sehen«, sagt Siobhan.

»Was?« fragt die Mutter.

»Die Kirche; sie ist ganz weiß, ganz mit Möwen bedeckt.«

»Nimm du mal Pius«, sagt der Bruder, »ich muß melken gehen.«

Siobhan legt das Fernglas aus der Hand, nimmt den Kleinen, wiegt ihn, indem sie summend hin und her geht. Wird sie nach Amerika gehen, Kellnerin werden oder Filmstar, und wird Pius Briefmarken verkaufen, den Klappenschrank bedienen und in zwanzig Jahren mit dem Fernglas auf die verlassene Insel hinausblicken, um festzustellen, daß die Kirche jetzt ganz eingestürzt ist?

Noch hat die Zukunft, haben Abschied und Tränen für die Familie D. nicht begonnen. Noch hat keiner den Pappkoffer packen und die Geduld des Busfahrers beanspruchen müssen, um den Abschied ein wenig zu verlängern, und noch denkt niemand daran, denn die Gegenwart hat hier mehr Gewicht als die Zukunft; doch dieses Übergewicht, dessen Folge Improvisation an Stelle der Planung ist, dieses Übergewicht wird mit Tränen aufgewogen.

15

Kleiner Beitrag zur abendländischen Mythologie

Während das Boot langsam in den kleinen Hafen einlief, erkannten wir den alten Mann, der auf der steinernen Bank vor einer Ruine saß. Der Mann hätte vor dreihundert Jahren genauso dort sitzen können; daß er die Pfeife rauchte, änderte nichts an dieser Vorstellung: mühelos ließen sich Tabakspfeife, Feuerzeug und Woolworth-Ballonmütze ins siebzehnte Jahrhundert transponieren: der alte Mann zog sie mit, zog sogar die Filmkamera mit, die George sorgfältig im Bug des Bootes beschützt hatte; wahrscheinlich waren vor Hunderten von Jahren Moritatensänger, predigende Mönche genauso in diesem Hafen gelandet, wie wir landeten; der alte Mann lüpfte die Mütze – weiß war sein Haar, flockig und dicht –, er band unser Boot fest, wir sprangen an Land und wechselten, einander zulächelnd, das »*lovely day*« – »*nice day*« – »*wonderful day*«: sehr komplizierte Einfachheit der Begrüßung in den Ländern, wo das Wetter ständig von Regengöttern bedroht ist, und sobald wir den Boden der kleinen Insel betreten hatten, schien es, als schlage die Zeit wie ein Strudel über uns zusammen; wie grün das Grün dieser Bäume und Wiesen ist, läßt sich nicht beschreiben; grüne Schatten werfen sie in den Shannon, ihr grünes Licht scheint bis in den Himmel zu reichen, wo die Wolken wie moosige Placken sich um die Sonne gruppiert haben; hier könnte das Märchen von den Sterntalern spielen. Grün wölbt sich über der Insel, und die Sonne fällt in talergroßen Scheiben über Wiesen und Bäume, liegt dort talergroß und talerblank, und manchmal hüpft ein Taler auf den Rücken eines wilden Kaninchens und fällt auf die Wiese zurück.

Der alte Mann ist 88 Jahre alt, er ist aus dem Jahrgang Sun Yat Sens und Busonis, er wurde geboren, als Rumänien noch nicht war, was es schon lange nicht mehr ist: noch kein Königreich; er war vier Jahre alt, als Dickens starb – und er ist ein Jahr älter als das Dynamit; soviel nur, um ihn im schwachen Netz der Zeit zu fangen. Die Ruine, vor der er saß, war die einer Scheune aus dem Anfang unseres Jahrhunderts, aber fünfzig Schritte weiter stand eine aus dem sechsten Jahrhundert; hier baute St. Ciaran of Clonmacnoise vor vierzehnhundert Jahren eine Kirche. Wer nicht den speziellen Scharfblick des Archäologen mitbringt, wird die Mauern aus dem zwanzigsten nicht von denen aus dem sechsten Jahrhundert unterscheiden können; grün überglänzt sind sie alle, mit goldenen Sonnenflecken bedeckt.

Ausgerechnet hier wollte George eine neue Farbfilmtechnik erproben, und der alte Mann – ein Jahr älter als das Dynamit – war zum Statisten ausersehen: mit der qualmenden Pfeife im Mund sollte er vor der untergehenden Sonne am Ufer des Shannon gefilmt werden, sollte ein paar Tage später dann auf amerikanischen Bildschirmen zu sehen sein, und alle Iren in den USA würden vor Heimweh feuchte Augen bekommen und dann zu singen beginnen: millionenfach vervielfältigt, von Schleiern grünen Lichtes umgeben, rosig von der untergehenden Sonne angestrahlt, und blau, sehr blau sollte der Qualm aus seiner Pfeife kommen – so sollte er zu sehen sein.

Aber zuerst mußte Tee, viel Tee getrunken und viel erzählt werden, und die Besucher mußten ihren Tribut an Neuigkeiten entrichten; denn trotz Radio und Zeitung hat doch die Neuigkeit aus dem Mund dessen, dem man die Hand gedrückt, mit dem man Tee getrunken hat, *sie* hat das eigentliche Gewicht. Wir tranken den Tee im Kaminzimmer eines verlassenen Herrenhauses; der ständige dunkelgrüne Schatten der Bäume schien die Wände grün gefärbt, schien die Möbel aus der Dickens-Zeit mit grüner Patina überzogen zu haben: der pensionierte englische Oberst, der uns in seinem Boot herübergebracht hatte – mit seinem langen fuchsigen Haar, dem fuchsigen Spitzbart sah er aus wie eine Mischung von Robinson Crusoe und Mephisto –, übernahm die Führung des Gesprächs, und leider verstand ich sein Englisch nicht gut, obwohl er sich liebenswürdig bemühte, *slowly*, sehr *slowly* zu sprechen.

Zunächst verstand ich von der Unterhaltung nur drei Worte: *Rommel, war* und *fair*, und ich wußte, daß Rommels *Fairness* im *War* eines der Lieblingsthemen des Obersten war; zudem wurde ich abgelenkt durch Kinder, Enkel, Urenkel des Alten, die ins Eßzimmer hineinschauten oder Tee, Wasser, Brot, Kuchen brachten (eine Fünfjährige kam mit einem halben Keks und legte ihn als Zeichen ihrer Gastfreundschaft auf den Tisch), und alle, Kinder, Enkel, Urenkel, hatten das spitze, dreieckig-verschmitzte, fast herzförmige Gesicht, das so oft als Wasserspeier von den Türmen französischer Kathedralen auf die emsige Erde herunterblickt ...

George saß mit der schußbereiten Kamera in der Hand und wartete auf den Sonnenuntergang, aber die Sonne zögerte an diesem Tag, mir schien, als zögere sie besonders lange, und der Oberst wechselte von seinem Lieblingsthema auf ein anderes über: er sprach von einem gewissen Henry, der im Krieg in Rußland ein Held gewesen zu sein schien: der Alte blickte mich mit runden, hellblauen Augen manchmal erstaunt fragend an, und ich nickte: Sollte ich jenem Henry, den ich nicht kannte, das Heldentum absprechen, das Robinson-Mephisto ihm zusprach?

Endlich schien die Sonne bereit, wie die Regie es verlangte, unterzugehen, sie war dem Horizont näher gerückt, näher gerückt auch den Television-Beflissenen in den USA, und wir gingen langsam ans Shannon-Ufer zurück. Schnell fiel jetzt die Sonne, und der alte Mann stopfte rasch seine Pfeife, rauchte sie aber zu hastig leer, und so qualmte sie schon nicht mehr, als die Sonne gerade mit ihrem unteren Rand den Horizont erreicht hatte. Nun aber war auch der Tabaksbeutel des alten Mannes leer, und die Sonne rutschte rapide. Wie tot aber sieht eine Pfeife, die nicht qualmt, im Munde eines Bauern aus, der vor der untergehenden Sonne steht: folkloristische Silhouette, Silberhaar im grünen Licht, rosig überhauchte Stirn. Schnell zerrupfte George ein paar Zigaretten, stopfte sie in den Pfeifenkopf, hellblau stieg der Qualm auf, und gerade jetzt war die Sonne halb hinter dem grauen Horizont untergetaucht: Hostie, die zusehends an Glanz verlor – die Pfeife qualmte, die Kamera schnurrte, und das Silberhaar glänzte: Grüße aus der teuren Heimat für feuchte Irenaugen in den USA, die neue Form der Ansichtskarte. »Wir spielen ihnen«, sagte George, »eine nette Bagpipe-Melodie hinein.«

Mit der Folklore ist es fast wie mit der Naivität: wenn man weiß, daß man sie hat, hat man sie schon nicht mehr, und der alte Mann stand ein wenig traurig da, als die Sonne untergegangen war; blaugrauer Dämmer sog die grünen Schleier auf. Wir gingen zu ihm, zerrupften mehr Zigaretten und stopften sie in seine Pfeife; kühl war es plötzlich, Feuchtigkeit strömte von überall her, und die Insel, dieses winzige Königreich, seit drei Jahrhunderten von der Familie des Alten bewohnt, die Insel erschien mir wie ein großer grüner Schwamm, der halb im Wasser lag, halb aus ihm herausragte und sich von unten her mit Feuchtigkeit vollsaugte.

Erloschen war das Feuer im Kamin, dunkel fiel ausgeglühter Torf über die roten Klumpen, und als wir langsam zu dem kleinen Hafen zurückgingen, kam der alte Mann neben mich und sah mich merkwürdig an: sein Blick war mir peinlich, weil er – ja, weil er Ehrfurcht zu enthalten schien, und ich kam mir nicht ehrfurchtgebietend vor; innig, scheu und mit echter Ergriffenheit drückte er mir die Hand, bevor ich ins Boot stieg. »Rommel«, sagte er leise und langsam, und in seiner Stimme lag die Schwere einer Mythe, und »Henry« sagte er – und nun stand alles, was ich vorher nicht verstanden hatte, alles, was über jenen Henry gesagt worden war, plötzlich vor mir wie ein Wasserzeichen, das nur bei besonderer Beleuchtung sichtbar wird. Ich begriff, daß mit Henry ich gemeint war. George sprang neben mir ins Boot: er hatte St. Ciarans Kapelle noch schnell im Dämmer gefilmt. George grinste, als er mein Gesicht sah.

Ich schöpfte Atem, viel Atem, um den Mythos zu korrigieren: weder Rommel noch Henry noch der Geschichte gegenüber schien es mir gerecht, es so zu belassen – aber das Boot war schon losgemacht, schon hatte Robinson-Mephisto den Motor angeworfen, und ich rief zur Insel hinüber: »Rommel war nicht der Krieg – und Henry war kein Held, bestimmt kein Held, bestimmt nicht«, aber sicher hatte der alte Mann nur drei von den Worten verstanden: *Rommel, Henry* und *Held* – und ich rief laut noch einmal nur das eine Wort: »Nein, nein, nein ...«

Auf dieser kleinen Insel im Shannon, die nur selten einmal ein Fremder betritt, wird man vielleicht an dunkel glühenden Kaminen in fünfzig, in hundert Jahren noch von *Rommel,* vom *War* und von *Henry* erzählen. So also dringt das, was wir Geschichte nennen, in entlegene Ecken unserer Welt ein: nicht Stalingrad, nicht Millionen von Ermordeten, Gefallenen, nicht die ver-

stümmelten Gesichter europäischer Städte – der Name
des Krieges wird *Rommel* heißen, *Fairness* und als Bei-
gabe *Henry*, der leibhaftig dort war und aus dem blau-
en Dunkel heraus, vom sich entfernenden Boot aus
»Nein, nein, nein!« rief – ein mißverständliches und
deshalb zur Mythenbildung geeignetes Wort ...

Lachend stand George neben mir: auch er hatte einen
Mythos in seine Kamera hineingeschnurrt: St. Ciarans
Kapelle im Dämmer und den alten Mann, weißhaarig,
versonnen; noch sahen wir sein schneeweißes, dichtes
Haar fern an der Mauer des kleinen Hafens leuchten:
ein Silbertupfer in der Tinte des Dämmers. Die kleine
Insel, das Königreich, versank im Shannon mit all seinen Irrtümern und all seinen Wahrheiten, und Robinson-Mephisto, der das Ruder hielt, lächelte friedlich
vor sich hin: »Rommel«, sagte er leise, es klang wie
eine Beschwörung.

16

Kein Schwan war zu sehen

Die rothaarige Frau im Abteil unterhielt sich leise mit
dem jungen Priester, der für Sekunden von seinem Brevier aufsah, weitermurmelte, aufsah, dann sein Brevier
zuklappte und sich ganz dem Gespräch widmete.

»San Franzisko?« fragte er.

»Ja«, sagte die rothaarige Frau, »mein Mann hat uns
mal rübergeschickt; ich fahr' jetzt zu meinen

Schwiegereltern, ich seh' sie zum ersten Mal. In Ballymote muß ich raus.«

»Sie haben noch Zeit«, sagte der Priester leise, »noch viel Zeit.«

»Wirklich?« fragte die junge Frau leise. Sie war sehr groß, dick und blaß, saß da mit ihrem Kindergesicht wie eine große Puppe, während ihre dreijährige Tochter des Priesters Brevier genommen hatte und täuschend ähnlich dessen Gemurmel nachahmte. Schon hob die junge Frau die Hand, um die Tochter zu strafen, aber der Priester hielt ihren Arm zurück.

»Lassen Sie doch, bitte«, sagte er leise.

Es regnete; Wasser lief an den Fensterscheiben herunter, Bauern paddelten draußen über ihre überschwemmten Wiesen, um ihr Heu zusammenzufischen; auf Hecken hing Wäsche, dem Regen preisgegeben, nasse Hunde bellten den Zug an, Schafe flohen, und das kleine Mädchen betete Brevier, flocht in sein Gemurmel manchmal Namen ein, die es aus dem Abendgebet kannte: Jesus, Holy Mary, gab auch den armen Seelen einen Platz.

Der Zug hielt, ein triefnasser Bahngehilfe reichte Körbe voller Champignons in den Packwagen, lud Zigaretten aus, das Paket mit den Abendzeitungen, half dann einer aufgeregten Frau, den Regenschirm aufzuspannen …

Der Bahnhofsvorsteher blickte traurig dem langsam davonfahrenden Zug nach: manchmal wird er sich fragen, ob er nicht in Wirklichkeit Friedhofswärter sei: vier Züge am Tag: zwei hin, zwei zurück, und manchmal ein Güterzug, der traurig dahinbummelt, als führe er zur Beerdigung eines anderen Güterzuges. In Irland schützen die Bahnschranken nicht die Autos vor den Zügen, sondern die Züge vor den Autos: sie werden nicht zur

Straße hin geöffnet und geschlossen, sondern die Schienenstränge werden zum Bahnkörper hin verriegelt; so wirken die hübsch gestrichenen Bahnhöfe ein wenig wie kleine Erholungsheime oder Sanatorien, die Vorsteher gleichen eher Heilgehilfen als ihren martialischen Kollegen in anderen Ländern, die ständig im Rauch der Lokomotiven stehen, im Donnern der Züge, eilig dahinbrausenden Güterzügen ihre Reverenz erweisen. Blumen wachsen um die kleinen irischen Bahnhöfe herum, zierliche, gepflegte Beete, sorgsam beschnittene Bäume, und der Vorsteher lächelt in den abfahrenden Zug hinein, als wollte er sagen: Nein, nein, du träumst nicht, es ist wirklich wahr, und es ist wirklich 16.49 Uhr, wie meine Uhr da oben anzeigt. Denn der Reisende ist sicher, daß der Zug Verspätung haben muß; der Zug ist pünktlich, aber die Pünktlichkeit wirkt wie Schwindel; 16.49 ist eine zu genaue Zeitangabe, als daß sie auf diesen Bahnhöfen stimmen könnte. Nicht die Uhr ist im Irrtum, sondern die Zeit, die sich auf Minutenzeiger einläßt.

Schafe flohen, Kühe staunten, nasse Hunde bellten, und die Bauern fuhren mit Kähnen auf ihren Wiesen umher und fischten Gras mit Netzen zusammen.

Sanfter Singsang floß rhythmisch von den Lippen des kleinen Mädchens, artikulierte sich zu Jesus, Holy Mary, flocht die armen Seelen in regelmäßigen Abständen ein. Die rothaarige Frau wurde immer ängstlicher.

»Aber nein«, sagte der Priester leise, »noch zwei Stationen bis Ballymote.«

»In Kalifornien«, sagte die junge Frau, »ist es so warm, und es gibt so viel Sonne. Irland ist mir ganz fremd. Ich bin schon fünfzehn Jahre weg; ich rechne immer in Dollars, kann mich nicht mehr an Pfund, Schilling, Pence gewöhnen, und wissen Sie, Father, Irland ist trauriger geworden.«

»Das macht der Regen«, sagte der Priester seufzend.

»Ich bin diese Strecke ja nie gefahren«, sagte die Frau, »aber andere, damals, bevor ich wegging; von Athlone nach Galway – oft bin ich gefahren, aber ich meine, es wohnten jetzt weniger Menschen dort als damals. Es ist so still, daß mir das Herz stehenbleibt. Ich habe Angst.«

Der Priester schwieg und seufzte.

»Ich habe Angst«, sagte die Frau leise. »Von Ballymote muß ich noch zwanzig Meilen weit, mit dem Bus, dann zu Fuß, durch Moor – ich habe Angst vor dem Wasser. Regen und Seen, Flüsse und Bäche und wieder Seen – Irland, Father, kommt mir vor, als sei es durchlöchert. Niemals wird die Wäsche auf diesen Hecken trocken werden, das Heu wird davonschwimmen – haben Sie nicht auch Angst, Father?«

»Es ist nur der Regen«, sagte der Priester, »beruhigen Sie sich. Ich kenne das. Manchmal hab' ich auch Angst. Zwei Jahre lang hatte ich eine kleine Pfarre, da unten zwischen Crossmolina und Newport, und es regnete oft wochenlang, es stürmte – nur immer die hohen Berge, dunkelgrün und schwarz – kennen Sie Nephin Beg?«

»Nein.«

»Dort in der Nähe war es. Regen, Wasser, Moor – und wenn mich mal einer mitnahm nach Newport oder Foxford: immer Wasser – an Seen vorbei oder an der See.«

Das kleine Mädchen klappte das Brevier zu, sprang auf die Bank, umklammerte den Hals der Mutter und fragte leise: »Werden wir ertrinken, wirklich?«

»Nein, nein«, sagte die Mutter, aber sie selbst schien nicht sehr überzeugt zu sein; von draußen klatschte der Regen gegen die Scheiben, der Zug stampfte mühsam in Dunkelheit hinein, schlich wie durch Wasserwolken. Das Mädchen aß lustlos ein belegtes Brot, die junge Frau rauchte, der Priester nahm sein Brevier wieder auf; nun machte er – wohl ohne es zu wissen – das kleine Mädchen nach, ließ aus seinem Gemurmel die Namen artikuliert herausklingen: Jesus Christ, Holy Ghost, Mary, dann klappte er das Buch wieder zu.

»Ist Kalifornien wirklich so schön?« fragte er.

»Es ist herrlich«, sagte die Frau und zog fröstelnd die Schultern ein.

»Auch Irland ist schön.«

»Herrlich«, sagte die Frau, »wirklich, ich weiß – muß ich nicht raus?«

»Ja, auf der nächsten Station.«

Als der Zug in Sligo einlief, regnete es immer noch; Küsse wurden unter Regenschirmen getauscht, Tränen unter Regenschirmen geweint; ein Taxichauffeur schlief über dem Lenkrad auf seinen verschränkten Armen; ich weckte ihn; er gehörte zu der sympathischen Sorte derer, die lächelnd erwachen.

»Wohin?« fragte er.

»Zum Drumcliff Churchyard.«

»Aber da wohnt doch niemand.«

»Mag sein«, sagte ich, »aber ich möchte hin.«

»Und zurück?«

»Ja.«

»Gut.«

Wir fuhren durch Pfützen, leere Straßen: in der Dämmerung blickte ich durch ein offenes Fenster auf ein Klavier: die Noten sahen aus, als müßte der Staub fingerdick auf ihnen liegen. Ein Friseur stand gelangweilt in seiner Ladentür, schnippte mit der Schere, als wollte er sich Regenfäden abschneiden; vor einem

Kinoeingang erneuerte ein Mädchen sein Lippenrot, Kinder mit Gebetbüchern unter dem Arm liefen durch den Regen, eine alte Frau schrie einem alten Mann über die Straße zu: »*Haua je, Paddy?*« und der alte Mann schrie zurück: »*I'm allright – with the help of God and his most blessed Mother.*«

»Sind Sie ganz sicher«, fragte mich der Fahrer leise, »daß Sie wirklich zum Drumcliff Churchyard wollen?«

»Ich bin ganz sicher«, sagte ich.

Auf den Hügeln ringsum lag verblichener Farn wie nasses Haar einer alternden Rothaarigen, zwei düstere Felsen bewachten den Eingang zu dieser kleinen Bucht: »Benbulben und Knocknarea«, sagte der Fahrer, als stelle er mir zwei weitläufige, gleichgültige Verwandte vor.

»Da«, sagte der Fahrer und zeigte nach vorne, wo ein Kirchturm im Dunst auftauchte; Krähen flogen um den Kirchturm herum, Wolken von Krähen, die von weitem aussahen wie schwarze Schneeflocken. »Ich glaube«, sagte der Fahrer, »Sie suchen das alte Schlachtfeld.«

»Nein«, sagte ich, »ich weiß nichts von einer Schlacht.«

»Im Jahre 561«, fing er in mildem Fremdenführerton an, »wurde hier die einzige Schlacht geschlagen, die je auf der Welt um ein Copyright geschlagen wurde.«

Ich sah ihn kopfschüttelnd an.

»Es ist wirklich wahr«, sagte er, »die Anhänger von St. Columba hatten einen Psalter abgeschrieben, der St. Finian gehörte, und es gab eine Schlacht zwischen den Anhängern von St. Finian und den Anhängern von St. Columba. Dreitausend Tote – aber der König entschied den Streit; er sagte: ›Wie zu jeder Kuh das Kalb gehört, gehört zu jedem Buch die Abschrift.‹ Sie wollen also nicht das Schlachtfeld sehen?«

»Nein«, sagte ich, »ich suche ein Grab.«

»Ach«, sagte er, »Yeats, ja – dann wollen Sie sicher auch noch nach Inishfree.«

»Ich weiß noch nicht«, sagte ich, »warten Sie, bitte.« Krähen flogen von alten Grabsteinen auf, krächzten um den alten Kirchturm herum. Naß war Yeats' Grab, kalt der Stein, und der Spruch, den Yeats sich hatte auf seinen Grabstein schreiben lassen, war kalt wie die Eisnadeln, die aus Swifts Grab heraus auf mich geschossen worden waren: *Reiter, wirf einen kalten Blick auf das Leben, auf den Tod – und reite weiter.* Ich blickte hoch: waren die Krähen verzauberte Schwäne? Sie krächzten mich höhnisch an, flatterten um den Kirchturm herum. Flach, vom Regen erdrückt lagen die Farnkräuter auf den Hügeln ringsum, rostfarben und welk. Mir war kalt.

»Weiter«, sagte ich zu dem Fahrer.

»Also doch nach Inishfree?«

»Nein«, sagte ich, »zum Bahnhof zurück.« Felsen im Dunst, die einsame Kirche, von schwarzen Krähen umflattert, und viertausend Kilometer Wasser jenseits von Yeats' Grab. Kein Schwan war zu sehen.

17

Redensarten

Passiert einem in Deutschland etwas, versäumt man den Zug, bricht man ein Bein, macht man Pleite, so sagen wir: Schlimmer hätte es nicht kommen können; immer ist das, was passiert, gleich das Schlimmste – bei den Iren ist es fast umgekehrt: bricht man hier ein Bein, versäumt man den Zug, macht man Pleite, so sagen sie: *It could be worse* – es könnte schlimmer sein: man hätte statt des Beines den Hals brechen, statt des Zuges den Himmel versäumen und statt Pleite zu machen, hätte man seinen Seelenfrieden verlieren können, wozu bei einer Pleite durchaus kein Anlaß ist. Was passiert, ist nie *das Schlimmste*, sondern das Schlimmere ist nie passiert: stirbt einem die geliebte und hochverehrte Großmutter, so hätte ja auch noch der geliebte und verehrte Großvater sterben können; brennt der Hof ab, die Hühner aber werden gerettet, so hätten ja auch noch die Hühner verbrennen können, und verbrennen sie gar: nun – das Schlimmere: daß man selbst gestorben wäre, ist ja nicht passiert. Stirbt man gar, nun, so ist man aller Sorgen ledig, denn jedem reuigen Sünder steht der Himmel offen, das Ziel mühseliger irdischer Pilgerschaft – nach gebrochenen Beinen, versäumten Zügen, lebend überstandenen Pleiten verschiedener Art. Bei uns – so scheint mir – versagen, wenn etwas passiert, Humor und Phantasie; in Irland werden sie gerade dann in Bewegung gesetzt. Jemandem, der das Bein gebrochen hat, mit Schmerzen daliegt oder im Gipsverband herumhumpelt, klarzumachen, daß es schlimmer hätte sein können, ist nicht nur tröstlich, sondern auch eine Beschäftigung, die poetische Begabung voraussetzt, leichten Sadismus nicht immer ausschließt: die Qualen eines Halswirbelbruchs auszumalen, vorzuführen, wie eine verrenkte Schulter sich ausmachen würde, zerschmetterte Schädel – der Beinbrüchige humpelt getröstet von dannen, sich selig preisend ob solch geringfügiger Mißbill.

So hat das Schicksal unbegrenzten Kredit, und die Zinsen zahlt man willig und ergeben; liegen die Kinder da, keuchhustend und jämmerlich, der hingebenden Pflege bedürftig, so soll man sich glücklich preisen, daß man selbst noch auf den Beinen ist, die Kinder pflegen, für sie arbeiten kann. Hier ist der Phantasie keine Grenze gesetzt. *It could be worse* ist eine der am meisten gebrauchten Redensarten wohl deshalb, weil es oft genug recht schlimm kommt und das Schlimmere dem Trost die Relation bietet.

Die Zwillingsschwester von *Es könnte schlimmer sein* ist die Redensart, ebenso häufig gebraucht: *I shouldn't worry* – ich würde mir keine Sorgen machen, und das bei einem Volk, das allen Grund hätte, weder bei Tag noch bei Nacht auch nur eine Minute *ohne* Sorge zu sein: vor hundert Jahren, als die große Hungersnot kam, Mißernten einige Jahre hindurch, diese große nationale Katastrophe, die nicht nur unmittelbar verheerend wirkte, sondern deren Schock sich durch die Generationen bis auf heute vererbt hat: vor hundert Jahren hatte Irland wohl sieben Millionen Einwohner; so wenig Einwohner mag auch Polen damals gehabt haben, aber heute hat Polen mehr als zwanzig Millionen Einwohner und Irland deren knapp vier, und Polen – Gott weiß es – ist wahrhaftig von seinen großen Nachbarn nicht geschont worden.

Dieser Rückgang von sieben auf vier Millionen bei einem Volk, das Geburtenüberschuß hat: das bedeutet Ströme von Auswanderern.

Eltern, die ihre sechs (nicht selten sind es acht oder zehn) Kinder heranwachsen sehen, hätten Grund genug, sich Tag und Nacht zu sorgen, und sicher tun sie es, aber auch sie sprechen den Spruch, mit jenem Lächeln der Ergebenheit: *Ich würde mir keine Sorgen machen.* Noch wissen sie nicht, und nie werden sie es genau wissen, wie viele von ihren Kindern die Slums von Liverpool, London, New York oder Sydney bevölkern – oder ob sie Glück haben werden. Eines Tages jedenfalls wird die Abschiedsstunde kommen, für zwei von sechs, für drei von acht: Sheila oder Sean werden mit ihrem Pappkarton zur Bushaltestelle ziehen, der Bus wird sie zum Zug, der Zug sie zum Schiff bringen: Ströme von Tränen an Bushaltestellen, auf Bahnhöfen, am Kai in Dublin oder Cork in den regnerischen, trostlosen Herbsttagen: durch Moor an verlassenen Häusern vorbei, und niemand von denen, die weinend zurückbleiben, weiß sicher, ob man Sean oder Sheila noch einmal wiedersehen wird: weit ist der Weg von Sydney nach Dublin, weit der von New York hierher zurück, und manche kehren nicht einmal von London wieder heim: heiraten werden sie, Kinder haben, Geld nach Hause schicken; wer weiß.

Während fast alle europäischen Völker sich fürchten vor einem Mangel an Arbeitskräften, manche ihn schon verspüren, wissen hier zwei von sechs, drei von acht Geschwistern, daß sie werden auswandern müssen, so tief sitzt der Schock der Hungersnot; von Geschlecht zu Geschlecht erweist das Gespenst seine schreckliche Wirkung; manchmal möchte man glauben, dieses Auswandern sei etwas wie eine Angewohnheit, wie eine selbstverständliche Pflicht, die man einfach erfüllt – die ökonomischen Gegebenheiten machen es wirklich notwendig: Als es Freistaat wurde, im Jahre 1923, hatte Irland nicht nur fast ein Jahrhundert industrieller Entwicklung nachzuholen, es hatte auch mit allem, was sich an Entwicklung ergab, noch Schritt zu halten; fast keine Städte gibt es, kaum Industrie, keinen Markt für die Fische. Nein, Sean und Sheila werden auswandern müssen.

18

Abschied

Der Abschied fiel schwer, gerade deshalb, weil alles darauf hinzudeuten schien, daß er notwendig sei: das Geld war verbraucht, neues versprochen, aber noch nicht angekommen, kalt war es geworden, und in der Pension (der billigsten, die wir in der Abendzeitung hatten finden können) waren die Fußböden so schief, daß wir kopfabwärts in unendliche Tiefen abzusinken schienen; auf einer sanft geneigten Rutschbahn glitten wir durch das Niemandsland zwischen Traum und Erinnerung, fuhren durch Dublin, bedroht von den Abgründen um das Bett, das mitten im Zimmer stand, umbrandet vom Lärm und vom Neonlicht der Dorset Street; wir hielten uns aneinander fest; die Seufzer der Kinder aus den Betten an der Wand klangen wie Hilferufe von einem Ufer, das unerreichbar war.

Das ganze Inventar des Nationalmuseums, in das wir nach jedem abschlägigen Bescheid des Schalterbeamten zurückgegangen waren, wurde in diesem Niemandsland zwischen Traum und Erinnerung überdeutlich und starr wie die Requisiten eines Panoptikums; wie auf der Geisterbahn im Märchenwald fuhren wir kopfabwärts dahin: St. Brigids Schuh leuchtete silbern und zart aus der Dunkelheit, große schwarze Kreuze trösteten und drohten, Freiheitskämpfer in rührenden grünen Uniformen, in Wickelgamaschen und rötlichen Baretts zeigten uns ihre Schußwunden, ihre Ausweise, lasen uns mit kindlicher Stimme Abschiedsbriefe vor: »Meine liebe Mary, Irlands Freiheit ...«, ein Kochtopf aus dem dreizehnten Jahrhundert schwamm an uns vorüber, ein Kanu aus vorgeschichtlicher Zeit; goldener Schmuck lächelte, keltische Fibeln, aus Gold, Kupfer und Silber wie unzählige Kommas auf einer unsichtbaren Wäscheleine aufgereiht; wir fuhren durchs Tor in Trinity Colleges ein, aber unbewohnt war diese große graue Stätte, nur ein blasses Mädchen saß weinend auf der Treppe zur Bibliothek, hielt seinen giftgrünen Hut in der Hand, wartete auf einen Liebsten oder trauerte ihm nach. Lärm und Neonlicht von der Dorset Street herauf rauschten an uns vorüber wie die Zeit, die für Augenblicke Geschichte wurde, Denkmäler wurden an uns vorbeigeschoben, oder wir an ihnen: Männer aus Bronze, ernst, mit Schwertern, Federkielen, Zeichenrollen, Zügeln oder Zirkeln in der Hand; Frauen mit strenger Brust zupften an Leiern, blickten mit süßtraurigen Augen viele Jahrhunderte zurück; unendlich lange Kolonnen dunkelblau gekleideter Mädchen standen Spalier, mit Hurlingschlägern in der Hand, stumm waren sie, ernst, und wir fürchteten, sie

würden ihre Schläger wie Keulen erheben; engum-
schlungen rutschten wir weiter. Alles, was wir besichtigt hatten, besichtigte jetzt uns: Löwen brüllten uns
an, turnende Gibbons kreuzten unsere Bahn, wir fuhren den langen Hals der Giraffe hinauf, hinunter, und
der Leguan mit seinen toten Augen warf uns seine
Häßlichkeit vor; das dunkle Wasser des Liffey gurgelte grün und schmutzig an uns vorüber, fette Möwen
kreischten, ein Klumpen Butter – »zweihundert Jahre
alt, im Moor in Mayo gefunden« – schwebte vorbei
wie der Klumpen Gold, den Hans im Glück ver-
schmäht hatte; ein Polizist zeigte uns lächelnd sein
Rainfall-Book, vierzig Tage hintereinander hatte er 0
geschrieben, eine ganze Kolonne von Eiern, und das
blasse Mädchen mit dem grünen Hut in der Hand
weinte immer noch auf der Treppe zur Bibliothek.

Schwarz wurden die Wasser des Liffey, trugen als
Treibgut Geschichte ins Meer hinaus: Urkunden, deren Siegel wie Senkbleie nach unten hingen, Verträge
mit schnörkeligen Initialen, Dokumente, gewichtig
von Siegellack, Holzschwerter, Kanonen aus Pappe,
Leiern und Stühle, Betten und Schränke, Tintenfässer,
Mumien, deren Bandagen sich gelöst hatten und, dunkel wie Palmwedel flatternd, sich durchs Wasser be-
wegten; ein Schaffner kurbelte aus seiner Fahrschein-
mühle eine lange Papierlocke heraus, und auf den Stufen der Bank von Irland saß eine alte Frau und zählte
Eindollarscheine, und zweimal, dreimal, viermal kam
der Schalterbeamte der Hauptpost und sagte mit
bekümmerter Miene hinter seinem Gitter hervor:
Sorry.

Unzählige Kerzen brannten vor der Statue der rothaarigen Sünderin Magdalena, ein Haifischwirbel

schwamm an uns vorüber, einem Windsack glich er, schwankte, die Knorpelgelenke brachen auseinander, die Wirbelknochen rollten wie Serviettenringe einzeln in die Nacht und verschwanden; siebenhundert O'Malleys marschierten an uns vorüber, braunhaarige, weißhaarige, rothaarige sangen ein Preislied auf ihren Klan.

Wir flüsterten uns Trostworte zu, hielten uns aneinander fest, fuhren durch Parks und Alleen, durch die Schluchten Connemaras, durch die Berge von Kerry, die Moore von Mayo, zwanzig, dreißig Meilen weit, fürchteten immer, dem Saurier zu begegnen, aber wir begegneten nur dem Kino, das mitten in Connemara, mitten in Mayo, mitten in Kerry stand: aus Beton war's, die Fenster waren mit dicker grüner Farbe beschmiert, und drinnen schnurrte der Vorführapparat wie ein böses, gefangenes Tier, schnurrte die Monroe, den Tracy, die Lollobrigida an die Wand, auf grünen Schattenbahnen, immer noch den Saurier fürchtend, fuhren wir zwischen unendlich langen Mauern dahin, so weit von den Seufzern unserer Kinder entfernt, kehrten in die Dubliner Vororte zurück, an Palmen, Oleander vorbei, durch Rhododendronwälder, kopfabwärts; immer größer wurden die Häuser, höher die Bäume, immer breiter die Kluft zwischen uns und den seufzenden Kindern; die Vorgärten wuchsen, bis sie so groß waren, daß wir die Häuser nicht mehr sehen konnten, und wir fuhren rascher in das zarte Grün unendlich großer Wiesen ein …

Der Abschied fiel schwer, obwohl die rauhe Stimme der Wirtin am Morgen im Klirren des Tageslichts das Treibgut unserer Träume wie Gerümpel zusammenfegte, und obwohl das Tak-tak-tak-tak vom vorüberfahrenden Omnibus aus uns erschreckte, das Geräusch glich so täuschend dem eines schießenden Maschinengewehrs, daß es uns wie ein Vorsignal zur Revolution erschien, aber Dublin dachte nicht an Revolution, es dachte an Frühstück, an Pferderennen, Gebet und belichtetes Zelluloid. Die rauhstimmige Wirtin rief uns zum Frühstück, herzlicher Tee floß; rauchend saß die Wirtin im Morgenrock bei uns und erzählte von Stimmen, die sie nachts quälten, Stimme eines ertrunkenen Bruders, der nachts nach ihr rief, Stimme der verstorbenen Mutter, die an die Gelübde der ersten Heiligen Kommunion erinnerte, Stimme des verstorbenen Gatten, der vor dem Whiskey warnte: Trio von Stimmen, im dunklen Hinterzimmer gehört, wo sie den ganzen Tag über mit Flasche, Schwermut und Morgenrock allein war.

»Der Psychiater«, sagte sie plötzlich leise, »behauptete, daß die Stimmen aus der Flasche kommen, aber ich hab' ihm gesagt, er soll nichts gegen meine Stimmen sagen, denn schließlich lebt er davon. Sie«, sagte sie mit plötzlich veränderter Stimme, »Sie hätten nicht Lust, mein Haus zu kaufen? Ich lass' es Ihnen billig.«

»Nein«, sagte ich.

»Schade.« Kopfschüttelnd ging sie in ihr dunkles Hinterzimmer zurück, mit Flasche, Schwermut und Morgenrock.

Vom *Sorry* des Schalterbeamten erschlagen, kehrten wir ins Nationalmuseum zurück, gingen von dort in die Gemäldegalerie, stiegen noch einmal in die dunkle Gruft zu den Mumien hinunter, die ein ländlicher Besucher dort mit *kippered herrings* verglich; letzte Pennies gaben wir für Kerzen aus, die vor bunten Heiligenbildern rasch verbrannten, gingen zu Stephen's Green hinauf, fütterten Enten, saßen im Sonnenschein, hörten zu, wie die Gewinnchancen für *Purpurwolke* standen; sie standen gut. Mittags um zwölf kamen viele Dubliner aus der Messe, verteilten sich in die Grafton Street. Unsere Hoffnung auf das *Yes* des Schalterbeamten blieb unerfüllt. Sein *Sorry* war immer trübseliger geworden, und fast – so schien es mir – hätte er eigenmächtig in die Kasse gegriffen und uns ein Darlehen des Postministers gegeben, seine Hände jedenfalls zuckten zur Schublade hin, seufzend nahm er sie auf die Marmortheke zurück.

Zum Glück lud das Mädchen mit dem grünen Hut uns zum Tee ein, stiftete den Kindern Bonbons, stellte neue Kerzen auf, vor dem richtigen Heiligenbild: St. Antonius, und als wir noch einmal zur Post gingen, strahlte das Lächeln des Schalterbeamten uns durch die ganze Halle hindurch bis zum Eingang entgegen. Fröhlich leckte er sich die Finger, zählte die Scheine auf die Marmorplatte, triumphierend: eins, zwei, vielmal, in ganz kleinen Noten gab er uns das Geld, weil das Zählen ihm soviel Spaß machte, und silbern sangen die Münzen über den Marmor hin; das Mädchen mit dem grünen Hut lächelte: hatte sie nicht die Kerzen vor dem richtigen Heiligen aufgestellt?

Der Abschied fiel schwer; die langen Reihen der dunkelblau gekleideten Mädchen, mit Hurlingschlägern in der Hand, hatten alles Drohende verloren, die Löwen brüllten nicht mehr, nur der Leguan warf uns mit seinen toten Augen immer noch seine uralte Häßlichkeit vor.

Musikautomaten dröhnten, Schaffner kurbelten lange Papierwolken aus ihren Fahrscheinmühlen, Dampfer tuteten, leichter Wind kam von der See, viele, viele

Fässer Bier wurden in dunkle Schiffbäuche gehievt, sogar die Denkmäler lächelten: die Dunkelheit des Traums war von Federkiel, Zügel, Leier und Schwert genommen, und nur alte Abendzeitungen waren es, die im Liffey dem Meer zuschwammen.

In der neuen Abendzeitung waren drei Leserbriefe abgedruckt, die Nelsons Sturz forderten; siebenunddreißig Häuser wurden zum Verkauf angeboten, eins wurde gesucht, und in einem Nest in Kerry hatte, dank der Rührigkeit des örtlichen Festival-Komitees, ein wirkliches Festival stattgefunden: Wettbewerbe hatte es gegeben in Sacklaufen, Eselreiten, Rudern und im Langsamfahren für Fahrräder, und die Siegerin im Sacklaufen hatte dem Pressefotografen zugelächelt: sie zeigte uns ihr hübsches Gesicht und ihre schlechten Zähne.

Die letzte Stunde verbrachten wir auf dem schrägen Fußboden des Pensionszimmers, spielten Karten wie auf einem Dach, Stühle und Tisch gab es im Zimmer nicht; zwischen Gepäckstücken sitzend, bei offenem Fenster, die Teetassen neben uns auf dem Boden, jagten wir Herz-Bube und Pik-As durch das lange Spalier ihrer Artgenossen, umbrandet vom heiteren Lärm der Dorset Street; während die Wirtin mit Flasche, Schwermut und Morgenrock im Hinterzimmer blieb, schaute das Zimmermädchen lächelnd unserem Spiel zu.

»Das war einmal wieder ein netter Bursche«, sagte der Taxichauffeur, der uns zum Bahnhof fuhr, »ein reizender Kerl.«

»Wer?« fragte ich.

»Dieser Tag«, sagte er, »war das nicht ein Prachtbürschchen?«

Ich stimmte ihm zu; während ich ihn bezahlte, blickte ich nach oben, die schwarze Front eines Hauses hinauf: eben stellte eine junge Frau einen orangefarbenen Milchtopf auf die Fensterbank hinaus. Sie lächelte mir zu, und ich lächelte zurück.

Dreizehn Jahre später

Ein Essay von Heinrich Böll

Dreizehn, ein Bäckerdutzend Jahre später, sind in Irland eineinhalb Jahrhunderte übersprungen und fünf weitere eingeholt worden, und es ist höchste Zeit für mich, mein Dossier über Irland abzuschließen, schwebende Pläne, noch einmal über Irland zu schreiben, weit in die Zukunft zu schieben, und die Notizen, die sich häufen, stillschweigend im Nähkörbchen verschwinden zu lassen; an einer der Notizen, die sich viermal vorfindet, kann ich gut feststellen, wie Irland sich verändert hat; es ist ein Zettel mit der Aufschrift: Die Hunde von Dukinella – es gibt einen Zettel dieses Titels aus dem Jahr 1958, drei weitere aus den Jahren 1960, 1963 und 1964, aber schon im Jahr 1965 brauchte ich diese Skizze nicht mehr niederzuschreiben, denn die Hunde von Dukinella tun nicht mehr, was sie bis 1964 einmal, oft mehrmals täglich getan haben, wenn ich mit dem Auto durchs Dorf an den Strand fuhr: sie laufen nicht mehr, gefährlich nahe an der Stoßstange, einander von Grundstück zu Grundstück ablösend, von Mauer zu Mauer ihr Gekläff wie Stafettenläufer weitergebend, neben dem Auto her; sie laufen neben keinem Auto mehr her, haben sich wohl an Autos gewöhnt, und vielleicht ist damit eine Menge über Irland gesagt. So habe ich die Hunde von Dukinella, weil ich ihren Eifer, ihr Temperament und ihre Intelligenz liebte, längst in eine Erzählung hineingeschmuggelt, die mit Irland gar nichts, mit Deutschland sehr viel zu tun hat. Es gibt da weitere beunruhigende Zettel, die immer wieder auftauchen: Die Leute im Settlement – oder: Die Messe *vor* der Valley-Schule; das Nähkörbchen ist voll. Dreizehn Jahre später, in einem von zwei Jahrhunderten eingeholten und von fünf weiteren Jahrhunderten übersprungenen Irland käme ich nicht mehr auf die Idee, Indianer vom Himmel fallen zu lassen, und Limerick ist nicht mehr das Limerick von 1954. Gut. Es sind auch, zu meinem, aber nicht zum Bedauern der meisten Iren, die Nonnen aus den Zeitungen fast verschwunden; verschwunden ist noch mehr: die Sicherheitsnadeln und die Gerüche, die letzteren wieder zu meinem, nicht zum Bedauern der meisten Iren, denn ich *habe* nicht etwa, sondern *bin* ein guter Riecher, und eine geruchlose Welt gefällt mir weniger als eine, die noch Gerüche hatte. Und ein gewisses Etwas hat seinen Weg nach Irland angetreten, jenes ominöse Etwas, das man in der englischsprechenden Welt THE PILL nennt – und dieses Etwas lähmt mich vollends; die Aussicht, daß in Irland weniger Kinder geboren werden könnten, ist für mich niederschmetternd; ich weiß: ich habe gut reden, habe es leicht, mir viele davon zu wünschen; ich bin weder ihr Vater noch ihr Vater Staat und ich brauche nicht Abschied von ihnen zu nehmen, wenn viele von ihnen den Weg in die Emigration antreten. Nirgendwo in der Welt habe ich so viele und so hübsche und so freie Kinder gesehen, und die Aussicht, daß Ihrer Majestät THE PILL gelingen wird, was allen Majestäten Großbritanniens nicht gelang, die Anzahl der irischen Kinder zu verringern, erscheint mir keineswegs erfreulich.

In diesen dreizehn Jahren ist noch etwas viel Schlimmeres geschehen: ich habe viel über Irland gelesen, ich weiß also einiges, fast viel, und noch lange nicht genug; meine Unschuld ist dahin, und ich bin nicht schuldig, nicht wissend genug. Ich habe auch viel *von* Iren gelesen, und diese ganz und gar uneinheitliche Einheit Irland ist mir an seiner Literatur am deutlichsten geworden. Beckett, Joyce, Behan, sie sind alle drei so irisch, wie es gar nicht erlaubt sein dürfte, und doch sind sie weit voneinander entfernt, weiter als Australien und Europa. Es ist fast unmöglich, etwas über ein Land zu sagen, in dem ein so erstaunlicher Charakter wie Parnell gedeihen und verraten werden konnte, und auf welche Weise wurde er verraten; oder der Parlamentarier Biggar, der mir wie der eigentliche Erfinder des absurden Theaters vorkommt, er hielt das englische Parlament stunden-, tagelang durch das Ablesen sinnloser Texte auf; ein Land, in dem ein anderer, nicht weniger erstaunlicher Charakter gedieh: Michael Collins, »the laughing boy«, der wohl auch verraten wurde. Schließlich waren es irische Poeten, die anfingen und zu Ende führten, was rührend aussah, aber keineswegs rührend endete; es war verrückt, was sie machten, aber in seiner Verrücktheit realistischer als das, was jener schon ältliche Intellektuelle anfing, der Wladimir Iljitsch Uljanow hieß. Eineinhalb Jahre bevor Lenin die Reste eines Weltreiches übernahm, kratzten die irischen Poeten den ersten Stein aus dem Sockel jenes Weltreichs weg, das als unerschütterlich galt und seitdem schon lange nicht mehr ist. Auf dem Denkmal einer dieser Poeten, Thomas Kettle, steht:

Starb nicht für Fahne, nicht für Kaiser oder
    König,
Starb für den Traum, geträumt in einer
    Hirtenhütte.
Und das verborgene Evangelium der Armen.

Ich habe viel über Irland gelesen, viel erfahren, das wichtigste Faktum scheint mir eines zu sein, das von Beobachtungssatelliten festgestellt worden, »wissenschaftlich« also »objektiv« nachgewiesen ist: daß die Iren näher am Himmel wohnen als die übrigen Europäer, und zwar ziemlich genau vierzig Meter. Das mag unsere so geduldige wie gestrenge Mutter Kirche ein wenig trösten, wenn unaufhaltsam, unaufhaltsam die Diskussion über Ihre weiße Majestät THE PILL bis in die letzte irische Provinzzeitung vordringt, während die Nonnen (besonders die Vier-bis-sieben-Geschwister-Nonnen) aus den Zeitungen verschwinden. Unweigerlich näherte sich die weiße Majestät nicht nur den unvergleichlichen Stränden des grünen Erin, sie dringt bis in die letzte Cottage im Moor vor, weit, weit in den Westen, wo Connaught beginnt, die Esel, von Liebe verzehrt, einander gute Nacht zubrüllen.

Ich fuhr mit dem Auto quer durch Irland, von Dublin westwärts bis dorthin, wo die grünen Wogen auf einsame Strände schlagen, an jenem Tag, an dem der gute Papst Johannes im Sterben lag; mein Autoradio war kaputt, und so fragte ich unterwegs an Tankstellen, in Teestuben, an Zeitungs- und Zigarettenkiosken, auch dort, wo es das wunderbare irische Eis gibt (ein irischer Weltrekord, den ich wahrscheinlich übersah: den im Eisessen), und ich stellte fest: Irland war auf dem laufenden. Ich glaube, nirgendwo in der Welt sind die Bulletins so begierig, so erwartungsvoll mitgehört worden. Kurz vor Castlebar, in einer einsamen Kneipe am Wegesrand, abends gegen neun, wollte ich mich durch jenen Wundertrank stärken, der an den Ufern des Liffey gebraut wird, und als ich in die Kneipe kam, brauchte ich erst gar nicht nach dem Befinden des Papstes zu fragen. Die Tränen der bierzapfenden Wirtin, die Mienen der schweigend trinkenden Männer; ich wußte, daß *diese* weiße Majestät gestorben war. Noch einmal: unsere allgütige Mutter, die Kirche, braucht sich, glaube ich, nicht zu viele Sorgen zu machen um jenes Land, das ja eigentlich ihre älteste, ihre treueste Tochter ist, und immer noch treu, gallisch wie die eine, die den Titel hartnäckig für sich beansprucht und gar nicht mehr so treu ist.

Es könnte in Deutschland (wo ja fast alles *miß*verstanden wird, weil die armen Deutschen so gar kein *Selbst*verständnis haben) mißverstanden werden oder als unlogisch erscheinen, daß diese treueste Tochter der Kirche das klassische Land der Streiks ist: die ausgefallensten Berufsgruppen – etwa Bankbeamte – kommen plötzlich auf die großartige Idee, durch Streik ihre Gehaltsforderungen durchzusetzen, und sie tun es mit jener Hartnäckigkeit, die dieselbe ist, die der irischen Revolution letzten Endes zum Sieg verhalf. Es ist schon ein verrückter Zustand, wenn in einem modernen Land mit moderner Geldwirtschaft Schecks für Wochen, Monate nur noch auf Treu und Glauben genommen werden können; wenn die einen – etwa Warenhäuser – zuviel Bargeld haben, das abends nicht mehr in die sicheren Banksafes gebracht werden kann; anderen – etwa Autohändlern, die mit Bargeld arbeiten – das Bargeld auszugehen droht; es ist schon verrückt, wenn eine vollkommen moderne Geldwirtschaft sich plötzlich in eine Tauschhandels- und »Vertrau-mir-doch-Landsmann«-Situation versetzt, und es gehört zu den unlogischen Verrücktheiten, daß in einer geldwirtschaftlich so absurden Situation das sogenannte Geschäftsleben keineswegs zusammenbricht; Logiker mitteleuropäischer Prägung würden in weiser Voraussicht eine Katastrophe anmelden, die in Irland nicht eintrat; die Sache wird dann komisch, wenn – der Streik dauerte lange und brach, wie die meisten Streiks in Irland, gerade in der Reisesaison aus – dann plötzlich die Scheckbücher ausgehen, Reiseschecks nicht mehr zur Bank gebracht wurden; aber merkwürdigerweise »brach« da gar nichts »zusammen«, es entstand eine Art heiteren Nationalsports daraus, der den streikenden Bankbeamten den Rücken stärkte. Ein überwiegend katholisches Land also, in dem die Streiks gedeihen wie anderswo der Gehorsam. Jemand – aber das war bei der dritten pint – prophezeite mir für eins der kommenden Jahre einen Priester- und Nonnenstreik.

Was mich am meisten hindert, über Irland irgend etwas »korrigierend« oder »ergänzend« zu schreiben: ich mag es zu sehr, und es ist nicht gut für einen Autor, über einen Gegenstand zu schreiben, den er zu *sehr* mag. Natürlich: es hat sich wirklich vieles verändert, und es sieht fast so aus, als hätten wir in den Jahren 1954 und 1955 Irland in jenem historischen Augenblick erwischt, wo es gerade anfing, eineinhalb Jahrhunderte zu überspringen und sich von fünf weiteren einholen zu lassen. Vielleicht kann ich mir aus der Klemme helfen, indem ich wenigstens *eine* Weglassung bekenne: daß es da ein weiteres Wort gibt, das Irland der Welt geschenkt hat: das Wort »lynchen«. Lob und Preis wäre zu spenden den irischen Frauen, die so hübsche Kinder zur Welt bringen; den irischen Zigeunern, den Fuchsienhecken – diese drei so sentimentalen wie freundlichen Rosenblätter will ich gern aus meinem Nähkörbchen herausholen und meine Schwäche für sie bekennen. Zum Schluß schließlich muß ich noch einen Eisenbahnschaffner aus einem Pilgerzug erwähnen, dem wir viel verdanken. Es gibt in der englischsprechenden Welt ein Zauberwort, das einem sofortige und jegliche Hilfe garantiert: »stranded family«, und an diesem Sonntag befanden wir uns in diesem glückseligen Zustand, als mir plötzlich die Autobremsen total, total versagten, genau in dem Augenblick, als ich bergabwärts auf eine strahlende, lachende, muntere Horde von Jungen und Mädchen zufuhr, die zu einem Eselsrennen unterwegs waren; mit kindlicher Heiterkeit (wie hätten sie ahnen können, daß meine Bremsen hinüber waren!) liefen sie mir regelrecht ins Auto hinein, winkend und schreiend – und es blieb mir nichts anderes übrig, als gegen die nächstbeste irische Mauer und das Auto zu Bruch zu fahren, nachdem ich die »family«, die im nächsten Augenblick eine »stranded family« war, aufgefordert hatte, Deckung zu nehmen. Nun fahren aber in diesem merkwürdigen Land, das nicht nur ein Gefühl für Streik, auch offenbar eins für SABBATH hat, sonntags weder Züge noch Busse, und es blieb mir gar nichts anderes übrig, als dem Rat eines Passanten zu folgen und den Bahnhofsvorsteher von Claremorris um Plätze in einem der Pilgerzüge (denn *die* fahren natürlich!) zu bitten. Wir bekamen die Plätze, wurden mitsamt dem Gepäck in den Speisewagen komplimentiert, und so hörten wir bis Dublin durch den Lautsprecher eine Menge Rosenkränze, Betrachtungen, Predigten, Lieder; aber das war nicht so ungewöhnlich, ungewöhnlich war auch nicht die Tatsache, daß es mir gelang, dem Speisewagenkellner einige Fläschchen Whiskey abzuschwätzen (wir hatten ihn *wirklich* verdient: man fährt nicht jeden Tag freiwillig gegen eine Mauer!); ungewöhnlich waren die Fähigkeiten des Schaffners, der das Fahrgeld bei uns kassierte; er übte vier Tätigkeiten gleichzeitig aus: er bekreuzigte sich (im Zusammenhang mit dem Rosenkranzgebet), las in einer Zeitung, rauchte und kassierte Geld, alles gleichzeitig.

Wahrscheinlich gibt es für einen, der Ire ist und schreibt, viel Ärgerliches in diesem Land, aber ich bin kein Ire, und ich habe Ärger genug mit dem Land, über das und in dessen Sprache ich schreibe, und auch der *katholische* Ärger in dem Land, dessen Sprache ich schreibe, genügt mir.

(1967)

HEINRICH BÖLL
WERKE 1–27
KÖLNER AUSGABE

Die erste kommentierte Ausgabe der Werke
Heinrich Bölls – das größte editorische Unternehmen
in der Geschichte des Verlags Kiepenheuer & Witsch!

Die Kölner Ausgabe enthält:

- textkritisch durchgesehene und kommentierte
  Texte
- drei Dokumentationsbände der zahlreichen
  Interviews Heinrich Bölls sowie einen
  Registerband
- bislang unveröffentlichtes
  Material
- einen ausführlichen editori-
  schen Anhang und Hinweise
  zur Textentstehung, Be-
  schreibung der Überliefe-
  rung, einen Stellenkom-
  mentar sowie eine
  Bibliographie und
  ein Personen- und
  Titelregister

Rotes
Leinen im
Schuber,
Fadenheftung

Die Kölner Ausgabe der Werke Heinrich Bölls wird
über einen Zeitraum von neun Jahren erscheinen
und von international renommierten Germanisten
und Böll-Forschern herausgegeben.

Die Förderer:
Erbengemeinschaft Heinrich Böll
StadtBibliothek Köln • Heinrich-Böll-Archiv
Heinrich Böll Stiftung, Berlin
Universität Siegen
Beauftragter der Bundesregierung für Angelegenheiten der Kultur und
Medien, Ministerium für Schule, Wissenschaft und Forschung des
Landes NRW
Stiftung Kunst und Kultur des Landes NRW
Stadtsparkasse Köln

VERLAG
KIEPENHEUER
& WITSCH

www.kiwi-koeln.de

Heinrich Böll im dtv

»Man kann eine Grenze nur erkennen, wenn man sie
zu überschreiten versucht.«
Heinrich Böll

Heinrich Böll im dtv

Siegfried Lenz im dtv

»Siegfried Lenz gehört nicht nur zu den ohnehin
raren großen Erzählern in deutscher Sprache,
sondern darüber hinaus auch noch zu den
ganz wenigen, die Humor haben.«
Rudolf Walter Leonhardt

Der Mann im Strom
Roman · dtv 3-423-00102-X
Das Schicksal eines Tauchers,
der zu alt ist für seinen Beruf
und der seine Papiere fälscht,
um wieder Arbeit zu bekommen.

Brot und Spiele
Roman · dtv 3-423-00233-6
Aufstieg und Fall eines
Sportidols.

Jäger des Spotts
Geschichten aus dieser Zeit
dtv 3-423-00276-X

Das Feuerschiff
Erzählungen
dtv 3-423-00336-7
»In sich schlüssige kleine
Kunstwerke.« (Marcel
Reich-Ranicki)

**Es waren Habichte in
der Luft**
Roman · dtv 3-423-00542-4
Ein Mensch versucht nach
einem politischen Umsturz
seinen Verfolgern zu entgehen.

Der Spielverderber
Erzählungen
dtv 3-423-00600-5

Haussuchung
Hörspiele · dtv 3-423-00664-1

Beziehungen
Ansichten und Bekennt-
nisse zur Literatur
dtv 3-423-00800-8

Deutschstunde
Roman · dtv 3-423-00944-6
Siggi Jepsen hat einen
Deutschaufsatz über
›Die Freuden der Pflicht‹
zu schreiben. Ein Thema,
das ihn zwangsläufig an
seinen Vater denken läßt.

**Einstein überquert die
Elbe bei Hamburg**
Erzählungen
dtv 3-423-01381-8

Das Vorbild
Roman · dtv 3-423-01423-7
Drei Pädagogen treffen
sich in Hamburg, um ein
neues repräsentatives
Lesebuch zusammenzu-
stellen. Probleme bereitet
das Kapitel ›Vorbilder‹.

Der Geist der Mirabelle
Geschichten aus Bollerup
dtv 3-423-01445-8

Siegfried Lenz im dtv

Heimatmuseum
Roman · dtv 3-423-01704-X
Erinnerungen an Masuren.

Der Verlust
Roman · dtv 3-423-10364-7

Die Erzählungen
1949–1984
3 Bände in Kassette
dtv 3-423-10527-5

Elfenbeinturm und
Barrikade
Erfahrungen am Schreibtisch
dtv 3-423-10540-2

Exerzierplatz
Roman · dtv 3-423-10994-7
» ... nicht nur ein besonderer ›Heimatroman‹ mit
sozialer Reflexion und ein
ökologischer Roman, sondern auch ein Antikriegsroman.« (Wiener Zeitung)

Ein Kriegsende
Erzählung
dtv 3-423-11175-5

Das serbische Mädchen
Erzählungen
dtv 3-423-11290-5 und
dtv großdruck 3-423-25124-7

Leute von Hamburg
Meine Straße
dtv 3-423-11538-6

Die Klangprobe
Roman
dtv großdruck 3-423-25172-7

Über das Gedächtnis
Reden und Aufsätze
dtv 3-423-12147-5

Die Auflehnung
Roman · dtv 3-423-12155-6

Ludmilla
Erzählungen
dtv 3-423-12443-1

Duell mit dem Schatten
Roman · dtv 3-423-12744-9

Über den Schmerz
dtv 3-423-12768-6

Lehmanns Erzählungen
oder So schön war mein
Markt
Aus den Bekenntnissen
eines Schwarzhändlers
dtv großdruck 3-423-25141-7

Arnes Nachlaß
Roman · 3-423-12915-8

Peter Härtling im dtv

»Er ist präsent. Er mischt sich ein. Er meldet sich zu Wort und hat etwas zu sagen. Er ist gefragt und wird gefragt. Und er wird gehört. Er ist in den letzten Jahren zu einer Instanz unserer (nicht nur: literarischen) Öffentlichkeit geworden.«
Martin Lüdke

Nachgetragene Liebe
dtv 11827

**Niembsch
oder Der Stillstand**
Eine Suite · dtv 11835

**Ein Abend, eine Nacht,
ein Morgen**
dtv 11837

Der spanische Soldat
dtv 11993

Felix Guttmann
Roman · dtv 11995

Herzwand
Mein Roman
dtv 12090

Das Windrad
Roman · dtv 12267

Božena
Eine Novelle
dtv 12291

**Hubert
oder Die Rückkehr nach
Casablanca**
Roman · dtv 12439

Waiblingers Augen
Roman · dtv 12440

Die dreifache Maria
Eine Geschichte
dtv 12527

Schumanns Schatten
Roman · dtv 12581

Zwettl
Nachprüfung einer
Erinnerung
dtv 12582

Große, kleine Schwester
Roman · dtv 12770
»In diesem Buch stimmt
alles: der Ton, der
Larmoyanz nie zuläßt, der
Blick auf Figuren und Zeit,
die Atmosphäre.« (Neues
Deutschland)

Janek
Porträt einer Erinnerung
SL 61696

**»Wer vorausschreibt, hat
zurückgedacht«**
Essays
SL 61848

Erich Loest im dtv

»Lest Loest, und ihr wißt mehr über Leipzig
und wie alles gekommen ist.«
Armin Eichholz

Zwiebelmuster
Roman
dtv 10919
»Dieser Roman erweist einmal mehr die Stärke Loests,
Alltag pointiert in Szene zu
setzen.« (Deutsches Allgemeines Sonntagsblatt)

Froschkonzert
Roman
dtv 11241
Satire auf bundesdeutsche
Krähwinkelei. »Es gibt nur
wenige Zeitromane, die so
viel Lesevergnügen berei-
ten.« (tz, München)

Durch die Erde ein Riß
Ein Lebenslauf
dtv 11318

Wälder, weit wie das Meer
Reisebilder
dtv 11507

Fallhöhe
Roman · dtv 11596
Die letzten Tage der DDR.

Nikolaikirche
Roman · dtv 12448
Chronik einer Leipziger
Familie. Ein Wende-Roman.

Völkerschlachtdenkmal
Roman
dtv 12533
Glanz und Elend der Stadt
Leipzig – ein Parforceritt
durch die Historie
Sachsens. »Listig ausge-
dacht, kunstvoll aufgebaut
und witzig formuliert.«
(Deutsches Allgemeines
Sonntagsblatt)

Es geht seinen Gang
oder
Mühen in unserer Ebene
Roman
dtv 12549
Ein Mann verweigert sich
dem Leistungsdruck in
Gesellschaft und Familie.
DDR-Roman.

Gute Genossen
Erzählung, naturtrüb
dtv 12861
»Man taucht in den Mief
des Parteibonzen-Regimes
ein – und versteht plötz-
lich, warum die Menschen
diese seltsame Welt ertru-
gen und auch ihre kleinen
Zukunftshoffnungen dar-
auf bauten.« (Nürnberger
Zeitung)

Günter Grass im dtv

»Günter Grass ist der originellste und
vielseitigste lebende Autor.«
John Irving

Uwe Timm im dtv

»Ein Autor, der engagiert Zeitstimmungen und geistigen
Moden nachspürt und der Gesellschaft Defizite
unter die Nase zu reiben beliebt.«
Toni Meissner in der ›Abendzeitung‹

Heißer Sommer
Roman · dtv 12547
Eines der wenigen literarischen Zeugnisse der Stu-
dentenbewegung von 1967.

Johannisnacht
Roman · dtv 12592
»Ein witzig-liebevoller Roman über das Chaos nach
dem Fall der Mauer, über
eine Stadt voller Glücks-
ritter und Schwindler, voller
Konflikte und Konfusionen.«
(W. Seibel in ›Die Presse‹)

Der Schlangenbaum
Roman · dtv 12643
Ein deutscher Ingenieur als
Bauleiter in Südamerika.

Morenga
Roman · dtv 12725
Die Geschichte vom
Hottentottenaufstand.

Kerbels Flucht
Roman · dtv 12765
Chronik eines entfrem-
deten Lebens.

Römische
Aufzeichnungen
dtv 12766

Die Entdeckung der
Currywurst
Novelle · dtv 12839
»Uwe Timm gestaltet eine
ebenso groteske wie rühren-
de, phantastische wie im
konkreten Alltag verwur-
zelte Liebesgeschichte …
außerordentlich vergnüglich
zu lesen.« (Detlef Grum-
bach in der ›Woche‹)

Nicht morgen,
nicht gestern
Erzählungen
dtv 12891

Der Mann auf dem
Hochrad
Roman · dtv 12965
Die Schröters und das erste
Hochrad in Coburg.

Rennschwein Rudi Rüssel
Ein Kinderroman
dtv 70285

Die Piratenamsel
Ein Kinderroman
dtv 70347

Der Schatz auf Pagensand
dtv 70593